Matthias Clausen

Die Briefe an die Thessalonicher

Als Christ anders handeln und hoffen

BRUNNEN
Verlag GmbH · Giessen

Der Autor: Prof. Dr. Matthias Clausen, Jg. 1972, ist evangelischer Theologe. An der Evangelischen Hochschule Tabor in Marburg lehrt er Praktische Theologie und Systematische Theologie. Als Referent des SMD-Instituts für Glaube und Wissenschaft (IGUW) hält er Vorträge in ganz Deutschland und darüber hinaus. Er lebt mit seiner Familie in Marburg.

Hier stellt sich der Autor selbst vor: https://youtu.be/qVYS5gjHWao

Konzeption und Text: Matthias Clausen
Lektorat: Susanne Baum

Bibeltexte sind entnommen der Neuen Genfer Übersetzung – Neues Testament und Psalmen

Umschlagmotiv: Shutterstock
Umschlaggestaltung: Daniela Sprenger
Satz: DTP Brunnen
Herstellung: BasseDruck GmbH, Hagen
ISBN 978-3-7655-0832-5

www.brunnen-verlag.de

Inhalt

Verzeichnis der Abkürzungen

Altes Testament

1 Mo	Das erste Buch Mose
2 Mo	Das zweite Buch Mose
3 Mo	Das dritte Buch Mose
4 Mo	Das vierte Buch Mose
5 Mo	Das fünfte Buch Mose
Jos	Das Buch Josua
Ri	Das Buch über die Richter
Ruth	Das Buch Ruth
1 Sam	Das erste Buch Samuel
2 Sam	Das zweite Buch Samuel
1 Kön	Das erste Buch über die Könige
2 Kön	Das zweite Buch über die Könige
1 Chr	Das erste Buch der Chronik
2 Chr	Das zweite Buch der Chronik
Esra	Das Buch Esra
Neh	Das Buch Nehemia
Est	Das Buch Esther
Hiob	Das Buch Hiob
Ps	Die Psalmen
Spr	Die Sammlung der Sprüche
Pred	Der Prediger Salomo
Hld	Das Hohelied
Jes	Der Prophet Jesaja
Jer	Der Prophet Jeremia
Klgl	Die Klagelieder Jeremias
Hes	Der Prophet Hesekiel
Dan	Der Prophet Daniel
Hos	Der Prophet Hosea
Joel	Der Prophet Joel
Am	Der Prophet Amos
Ob	Der Prophet Obadja
Jona	Der Prophet Jona
Mi	Der Prophet Micha
Nah	Der Prophet Nahum
Hab	Der Prophet Habakuk
Zef	Der Prophet Zefanja
Hag	Der Prophet Haggai
Sach	Der Prophet Sacharja
Mal	Der Prophet Maleachi

Neues Testament

Mt	Das Evangelium nach Matthäus
Mk	Das Evangelium nach Markus
Lk	Das Evangelium nach Lukas
Joh	Das Evangelium nach Johannes
Apg	Die Apostelgeschichte
Röm	Der Brief des Paulus an die Christen in Rom
1 Kor	Der erste Brief des Paulus an die Christen in Korinth
2 Kor	Der zweite Brief des Paulus an die Christen in Korinth
Gal	Der Brief des Paulus an die Christen in Galatien
Eph	Der Brief des Paulus an die Christen in Ephesus
Phil	Der Brief des Paulus an die Christen in Philippi
Kol	Der Brief des Paulus an die Christen in Kolossä
1 Thess	Der erste Brief des Paulus an die Christen in Thessalonich
2 Thess	Der zweite Brief des Paulus an die Christen in Thessalonich
1 Tim	Der erste Brief des Paulus an Timotheus
2 Tim	Der zweite Brief des Paulus an Timotheus
Tit	Der Brief des Paulus an Titus
Phlm	Der Brief des Paulus an Philemon
Hebr	Der Brief an die Hebräer
Jak	Der Brief des Jakobus
1 Petr	Der erste Brief des Petrus
2 Petr	Der zweite Brief des Petrus
1 Joh	Der erste Brief des Johannes
2 Joh	Der zweite Brief des Johannes
3 Joh	Der dritte Brief des Johannes
Jud	Der Brief des Judas
Offb	Die Offenbarung an Johannes

Fragen zu diesem Kurs

Zielsetzung

1. Worum geht es in diesem Kurs? Um drei Ziele, die alle wichtig sind:

a. Nahrung für die Seele. – „Der Mensch lebt nicht vom Brot allein, sondern von dem Wort, das Gott spricht." In seinem Wort stellt Gott sich uns vor. Hier können wir ihn kennenlernen. Wer mehr über Gott und den christlichen Glauben erfahren will, muss sich mit der Bibel beschäftigen. Wer als Christ im Glauben wachsen will, muss sich aus dem Wort Gottes „ernähren".

b. Gemeinschaft. – Im Gespräch über Glaubensfragen und Lebenserfahrungen kommen wir einander näher und können zu einer Gemeinschaft zusammenwachsen, in der man sich im Alltag und im Glauben gegenseitig trägt und unterstützt.

c. Wachstum. – Dieser Kurs wendet sich auch an Menschen, die bisher mit dem christlichen Glauben noch wenig in Berührung gekommen sind. Wenn Sie immer wieder andere zu Ihren Treffen einladen, kann die Gruppe wachsen, bis eine Teilung nötig wird. Beide neuen Kreise sollen ebenso wachsen, bis sie zu groß sind und sich teilen – und so weiter.

Teilnehmer

2. Für wen soll dieser Gesprächskreis sein?

- Für Menschen, die Fragen an das Leben haben und wissen möchten, ob der christliche Glaube ihnen weiterhelfen kann.
- Für Menschen, die sich – neu oder wieder – intensiver mit dem christlichen Glauben beschäftigen wollen.
- Für Menschen, denen Kirche und Glauben fremd geworden sind, die aber nach einem neuen Zugang zum Glauben suchen.
- Für Christen, die die Bibel besser kennenlernen und tiefer verstehen wollen.
- Für Menschen, die im Gespräch über Glaubensfragen und im Gebet füreinander in ihrem Glauben wachsen möchten.
- Für Menschen, die mit Schwierigkeiten und Problemen zu kämpfen haben und eine Gruppe suchen, die Unterstützung und Zusammenhalt bieten kann.

Der erste Schritt

3. Wie sollen wir anfangen? Machen Sie sich eine Liste mit den Namen, die Ihnen jetzt als mögliche Teilnehmer einfallen. Hängen Sie die Liste an einen Platz, an dem Ihr Blick immer wieder einmal darauffällt. Lassen Sie sie dort, bis Sie alle, die Sie auf Ihrer Liste notiert haben, gefragt haben, ob sie Interesse an einem solchen Gesprächskreis haben.

Das erste Treffen

4. Was geschieht beim ersten Treffen? Sie lernen einander als neue Gruppe kennen bzw. begrüßen neue Mitglieder, wenn Ihre Gruppe schon länger besteht. Sie sprechen über Ihre Erwartungen an diesen Kurs und vereinbaren „Spielregeln", die in der Gruppe gelten sollen.

Spielregeln

5. Wie entsteht die Vereinbarung über die Spielregeln? Sprechen Sie über die nachfolgenden Fragen und notieren Sie die Punkte, bei denen Sie Einigung erzielen. So können Sie am Ende des Kurses gut beurteilen, ob Sie Ihre Ziele erreicht haben.

- Was ist der Zweck Ihrer Treffen?
- Wie oft wollen Sie sich treffen? (Dieser Kurs bietet Ihnen Gesprächsanregungen für elf Treffen. Wenn Sie danach weiterhin zusammenkommen wollen, verlängern Sie einfach Ihre Abmachung.)
- Wo wollen Sie sich treffen?
- Um welche Uhrzeit sollen die Treffen beginnen und wie lange sollen sie dauern?
- Welchen Rahmen wollen Sie Ihren Treffen geben? Soll es Getränke und etwas zum Knabbern geben? Wer ist dafür zuständig?

Hilfreich ist es, wenn Sie außerdem **Regeln für das Gespräch in der Gruppe** vereinbaren. Dazu könnten folgende Vereinbarungen gehören:

- Was in diesem Kreis gesagt wird, ist vertraulich und wird nicht nach außen getragen.
- Wir reden nicht übereinander, sondern miteinander.
- Gesprächsbeiträge werden nicht bewertet; jeder Teilnehmer wird mit seiner Meinung ernst genommen.
- Es gibt keine „unmöglichen“ Positionen. Wenn es Meinungsunterschiede gibt, begründet jeder seine eigene Sicht.

- ______________________________
- ______________________________
- ______________________________

Sie können ergänzen, was Ihnen sonst noch für Ihre Gruppe wichtig zu sein scheint.

Zeitlicher Rahmen

6. Wie lange dauert ein Treffen? Die Mindestzeitangaben für die einzelnen Bausteine des Treffens sind für Gruppen gedacht, die nur eine Stunde zusammen sein können. Wenn Sie mehr Zeit zur Verfügung haben, verlängern Sie die angegebenen Zeiten einfach entsprechend.

7. Warum verabreden Sie sich zunächst nur für eine bestimmte Anzahl von Treffen? Weil es leichter ist, sich für einen überschaubaren Zeitraum für eine Sache zu entscheiden und sie wirklich durchzuhalten, als eine Verpflichtung auf unbestimmte Zeit einzugehen. Wenn Sie nach Abschluss des Kurses weiter als Gruppe zusammenbleiben wollen – umso besser.

Gesprächsinhalt

8. Was wird bei den Treffen besprochen? Die Einheiten dieses Gesprächsleitfadens führen in den 1. und 2. Thessalonicherbrief ein. Dabei geht es um Fragen wie:
- Was sind die wichtigsten Anliegen des jeweiligen Briefes? In welche Situation spricht er hinein, an was für Empfänger richtet er sich?
- Was macht speziell diesen Brief so wichtig? Lesen wir ihn besonders aufmerksam, wenn wir wissen, dass er wahrscheinlich der erste Brief von Paulus war?
- Auf welche aktuellen Fragen lassen sich Aussagen des Briefes besonders gut beziehen?

Das Inhaltsverzeichnis bietet eine Übersicht über die Texte und Themen.

Vielleicht möchten Sie auch ein zusätzliches Treffen einplanen, bei dem Sie sich gemeinsam mit den Spielregeln für diese Gruppe und der Einführung zum Thema *Die Briefe an die Thessalonicher* beschäftigen. Oder Sie schauen sich dazu zusammen den Video-Clip an.

Bibelkenntnis

9. Und wenn jemand in der Gruppe wenig von der Bibel weiß? Prima! Dafür ist die Gruppe ja da. Die ERLÄUTERUNGEN geben Ihnen Hinweise zum Verständnis größerer Zusammenhänge, einzelner Ausdrücke, geschichtlicher Hintergründe oder wichtiger Personen im Text. Greifen Sie immer dann auf die Erläuterungen zurück, wenn der Sinn des Textes sich nicht von selbst erschließt.

Bibel dabeihaben. Die Texte, auf die sich dieses Heft bezieht, sind in den einzelnen Einheiten abgedruckt. Weil aber auch immer wieder einmal auf weitere biblische Zusammenhänge verwiesen wird, ist es gut, wenn die Teilnehmer auch eine Vollbibel dabeihaben, um entsprechende Stellen nachschlagen zu können.

„Hausaufgaben“

10. Was muss ich sonst noch tun? Nichts, wenn Sie nicht wollen. Aber Sie können über das hinausgehen, was in der Gruppe besprochen wird. Nicht immer werden Sie alle ***Erläuterungen*** gemeinsam in der Gruppe lesen und diskutieren können. Wenn Sie die Zusatzinformation voll ausschöpfen möchten, haben Sie dafür zwei Möglichkeiten:

- Lesen Sie Text und Erläuterungen vorbereitend zu Hause. Oder:
- Vertiefen Sie das Gespräch über einen Text im Anschluss an Ihr Gruppentreffen. Lesen Sie den Text noch einmal im Zusammenhang und nehmen Sie sich Zeit, die Erläuterungen zu studieren.

Der Traum

11. Der Traum, der dahintersteckt: Menschen treffen sich und wachsen zu einer tragfähigen Gemeinschaft zusammen, in der jeder eine Heimat findet und in seinen Freuden und Schwierigkeiten angenommen ist. Menschen kommen zusammen, reden über ihr Leben und ihren Glauben und begegnen der Bibel – egal, ob sie Kirchenmitglieder sind, vom Glauben bisher viel oder wenig wissen, ob sie Christen sind oder nicht.

Serendipity

12. Was heißt Serendipity? „Das Geschenk, zufällig glückliche Entdeckungen zu machen.“ Genau darum geht es beim Kursmaterial „Serendipity bibel“: Menschen kommen ins Gespräch über das Leben und den Glauben, tauschen Erfahrungen aus, setzen sich mit Fragen nach Gott und der Welt, nach Glaube und Bibel auseinander und machen dabei – möglicherweise ganz unvermutet – wertvolle Entdeckungen für ihr Leben.

Hinweise für Gruppenleiter

13. Weitergehen. Weitere Kurshefte zu vielen biblischen Themen finden Sie auf unserer Homepage: https://www.brunnen-verlag.de/serendipity

Grundlagenliteratur zum Thema Kleingruppen können Sie als free content auf dem Blog der Website des Brunnen Verlags herunterladen.

Wie verläuft ein Treffen?

Jedes Treffen besteht aus drei Teilen:

1. EINSTIEG **(15–20 Minuten)**
Der Einstieg bietet Hilfen an, um sich untereinander kennenzulernen und ins Gespräch zu kommen. Die Impulse in diesem Teil zielen darauf ab, mehr voneinander zu erfahren, damit gute Beziehungen untereinander wachsen können.

2. BIBELGESPRÄCH **(30–40 Minuten)**
Lesen Sie den Bibeltext zunächst gemeinsam. Die Fragen in diesem Teil beziehen sich auf den Bibeltext bzw. das Thema der Gesprächseinheit. Sie helfen, den Bibeltext zu erschließen, und geben Ihnen einen Leitfaden für Ihr Gespräch. Greifen Sie immer dann auf die *Erläuterungen* zurück, wenn der Sinn des Textes sich nicht von selbst erschließt.

Sie werden vielleicht nicht alle Fragen in der zur Verfügung stehenden Zeit ansprechen können. Wählen Sie dann einfach die aus, die Ihrer Gruppe am wichtigsten erscheinen.

Wenn Ihre Gruppe recht groß ist, können Sie auch überlegen, ob Sie sich für das Bibelgespräch – immer oder hin und wieder – in kleinere Gruppen (etwa zu viert) aufteilen. Das gibt jedem Einzelnen die Möglichkeit, häufiger zu Wort zu kommen.

Wichtig: Zu manchen Fragen möchten Sie sich vielleicht nicht in der Gruppe äußern. Geben Sie aber Ihre Antwort für sich persönlich. Natürlich hat jeder die Freiheit, nur das mitzuteilen, was er wirklich möchte.

3. AUSTAUSCH UND GEBET **(15–30 Minuten)**
Hier ist Gelegenheit, den Text noch einmal ganz persönlich auf sich wirken zu lassen und, wenn Sie möchten, persönliche Anliegen anzusprechen. Dieser Austausch und das gemeinsame Gebet füreinander dienen ganz entscheidend dem Zusammenwachsen und dem Aufbau einer tragfähigen Gemeinschaft.

Die *Mindestzeitangaben* sind für Gruppen gedacht, die nur eine Stunde zur Verfügung haben. Wenn Sie mehr Zeit haben, verlängern Sie die angegebenen Zeiten einfach entsprechend.

Einführung: Die Briefe an die Thessalonicher

„Prüfet alles und das Gute behaltet" – wie viele sprichwörtlich gewordene Sätze stammt auch dieser aus der Bibel. Genauer aus dem 1. Thessalonicherbrief. Dass die Briefe an die Thessalonicher selbst zu dem Guten gehören, das man behalten sollte, dafür spricht gleich mehreres:

- Der 1. Thessalonicherbrief ist – wahrscheinlich – der **erste Brief**, den Paulus überhaupt geschrieben hat und der im Neuen Testament überliefert wird. Und die Schriften von Paulus gehören selbst zu den ältesten Texten des Neuen Testaments, verfasst noch vor den Evangelien und anderen neutestamentlichen Texten. Anders gesagt, wir sind in diesem Brief ganz dicht dran an den Ursprüngen des Christentums. Viele Diskussionen werden ja darüber geführt, was ursprünglich christlich und was erst eine nachträgliche Ergänzung und Weiterentwicklung ist. Das gilt besonders auch für die Theologie von Paulus selbst: Was ist ab welchem Zeitpunkt für ihn Standard, was ist selbstverständlicher Teil seiner Lehre? In diesem Brief erfahren wir mehr darüber.
- Die Geschichte der christlichen **Gemeinde von Thessalonich** ist **dramatisch**. Kaum sind die ersten Thessalonicher der Einladung von Paulus gefolgt und Christen geworden, da wird ihr neu gefundener Glaube gleich grundlegend infrage gestellt. Zwar sind flächendeckende und regionenweite Verfolgungen gegen Christen im Römischen Reich erst eine spätere Entwicklung, die sich ab Ende des ersten Jahrhunderts und danach immer wieder beobachten lässt. Aber lokale Ausschreitungen und energischen Widerstand gegen die Verkündigung der urchristlichen Missionare gab es von Anfang an. Wer auf ihre Predigt hin Christ wurde, wusste immer auch, er lebt gefährlich. Und doch hatten Paulus und seine Mitarbeiter vielfach Erfolg. Woran liegt das?
- Besonders der 1. Thessalonicherbrief liest sich auch wie eine **persönliche Rechenschaft von Paulus**. Denn nachdem Paulus aus Thessalonich hatte fliehen müssen, hatten Kritiker und Gegner seine Glaubwürdigkeit infrage gestellt. Paulus nutzt den Brief an die Gemeinde auch zu einer Antwort auf solche Vorwürfe, und seine Antwort lautet sinngemäß: ‚Dafür stehe ich, darum geht es mir. Ihr könnt mich gerne hinterfragen, ihr könnt mein Verhalten und z. B. auch meine Berufstätigkeit überprüfen: Mir geht es wirklich und ausschließlich um die Gute Nachricht von Jesus Christus – nicht um meinen Einfluss, schon gar nicht um Geld oder Ansehen.' So erfährt man durch das Lesen von 1 Thess vor allem auch einiges über Paulus selbst und sein Selbstverständnis. Und man kann ihn sich zum Vorbild nehmen, um die eigene Glaubwürdigkeit im Engagement als Christ zu überprüfen.
- Beide Briefe beantworten Grundfragen der ersten Christen, die auch heute viele beschäftigen: nämlich die **Frage nach der christlichen Hoffnung** und dem Zeitraum bis zur Wiederkunft von Jesus Christus. Anlass ist die Sorge um die Menschen in der Gemeinde, die bereits verstorben sind (s. u.). Dahinter steht die sog. unmittelbare Naherwartung vieler früher Christen –

Jesus kann jederzeit wiederkommen! Das ist vielen heute fremd, genau das könnte aber auch eher ein Problem von uns heute sein. Die Kunst besteht darin, jederzeit mit Jesus zu rechnen und doch geduldig und ohne ungesunde Spekulation auf ihn zu warten. In diese Kunst weist der Brief ein.

Soweit die Highlights. Dazu nun im Einzelnen mehr:

Thessalonich

Die Stadt gehörte zur Zeit des Paulus zu den **wichtigsten Städten** Griechenlands. Ihre Gründung im 4. Jh. vor Christus geht auf Cassander zurück, einen General Alexanders des Großen; der Name der Stadt verdankt sich dessen Ehefrau, die zugleich eine Halbschwester von Alexander war. Im 2. Jh. vor Christus kam Thessalonich in römischen Besitz und wurde schließlich zur Hauptstadt der römischen Provinz Mazedonien (siehe Weima, *Thessalonians*, Kap. 1). Sie genoss besondere Vorrechte, u. a. weil sie sich im römischen Bürgerkrieg nach Cäsars Tod auf die spätere Siegerseite geschlagen hatte, also die von Mark Anton und Augustus. So galt Thessalonich als „freie Stadt" und war in der Regelung der eigenen Angelegenheiten relativ eigenständig.

Das wird sich später auch in den Auseinandersetzungen um Paulus und die christliche Botschaft zeigen. So gehörte zu den Leitungsgremien der Stadt zunächst eine Bürgerversammlung. Das nächsthöhere Gremium war der Stadtrat unter der Leitung von sog. *Politarchen* (Apg 17,6). Dieses Amt war fast ein Eigengewächs von Thessalonich und findet sich in anderen Städten der Antike kaum. Dass Lukas in der Apostelgeschichte auch dieses Amt wie selbstverständlich erwähnt, ist also ein Indiz für seine Detailkenntnis und damit für die historische Zuverlässigkeit seines Berichts insgesamt (siehe Weima, *Thessalonians*, Kap. 1).

Es ist kein Zufall, dass Paulus und seine Mitarbeiter auf ihrer Missionsreise nach Philippi umgehend Thessalonich ansteuern (s. u.): Typisch für Paulus war, sich zunächst auf die **regionalen Zentren** zu konzentrieren und dort Gemeinden zu gründen, in der Erwartung, dass diese dann auf die ganze Region ausstrahlen; so wie auch heute auch im „Hinterland" stark wahrgenommen wird, was in der nächsten größeren Stadt passiert. Thessalonich gehörte mit rund 100.000 Einwohnern zu den bevölkerungsreichsten Städten Griechenlands bzw. Mazedoniens (vgl. Weima, *Thessalonians*, Kap. 1, auch für das Folgende). Es lag zudem an der *Via Egnatia*, einer wichtigen Fernstraße, die Kleinasien mit Rom verband, und war daher für die römische Verwaltung und Armee sowie für den Handel wichtig. Geschäftsleute und kleine und große Würdenträger aller Herren (und Damen) Länder reisten durch die Stadt. Umso wichtiger muss es den lokalen Autoritäten gewesen sein, Aufruhr zu vermeiden – weil der bekanntlich schlecht fürs Geschäft ist.

Die **religiöse Landschaft** in der Stadt war bunt und vielfältig, Inschriften und andere Funde deuten darauf hin, dass in Thessalonich diverse Kulte aktiv waren und um Anhänger warben, z. B. für die Gottheiten Dynosius, Serapis, Zeus und Asklepios (vgl. Weima, *Thessalonians*, Kap. 1, auch für das Folgende). Besonders wichtig war der Stadtpatron, der Gott Cabirus, – von diesem wurde erzählt, er sei als Märtyrer von seinen Brüdern umgebracht worden, werde aber eines Tages zurückkehren, um allen Unterdrückten und besonders den Bewohnern der Stadt zu helfen. Möglich ist, dass auch deswegen die Botschaft vom gekreuzigten und auferstandenen Jesus in Thessalonich auf besonders offene Ohren stieß: Das klang vertraut – mit dem entscheidenden Unterschied, dass Jesus eine reale und historische Person war und nicht ins Reich nicht überprüfbarer Legenden gehörte.

Neben den zahlreichen griechischen, römischen und z. B. auch ägyptischen Kulten gab es außerdem in Thessalonich eine **jüdische Synagoge**. Sie muss recht groß gewesen sein, immerhin war sie auch anziehend für Griechen, „die sich zur Synagogengemeinde hielten" (Apg 17,4). Solche Interessierte wurden auch „Gottesfürchtige" genannt; sie traten zwar nicht vollständig zum Judentum über und ließen sich beschneiden, waren aber vom jüdischen Glauben an den einen, unsichtbaren Gott und dem hohen ethischen Anspruch dieses Glaubens beeindruckt. Unter dieser Gruppe fand die Botschaft von Jesus Christus auch in anderen Städten oft zuerst Anhänger.

Bei aller religiösen Vielfalt: Wie überall im Römischen Reich spielte auch in Thessalonich die entscheidende Rolle der Kaiser – die Verehrung des **Kaisers als Gottheit** war für alle verpflichtend. Insofern war das Römische Reich nur scheinbar religiös tolerant: Vieles war erlaubt, alle möglichen und unmöglichen Kulte und Vorstellungen – solange man bitteschön die zentrale Stellung des Herrschers nicht infrage stellte. Dabei wurde kaum nach der persönlichen Motivation der Beteiligten gefragt; entscheidend war, dass man äußerlich mitmachte. Die Gewissenszweifel früher Christen waren für das Umfeld hier also geradezu befremdlich: ‚Es spielt doch keine Rolle, was ihr innerlich glaubt, macht halt mit, dann habt ihr keine Probleme', hielt man ihnen vor. Aber das war für Nachfolger von Jesus keine Option. So wurde auch in Ephesus die Botschaft von Jesus als Herrn (*kyrios*) sofort zum Problem: Nur *einer* ist für die Römer der *kyrios*, nämlich der Kaiser, und jede anderslautende Botschaft wird als Angriff auf die öffentliche Ordnung aufgefasst (Apg 17,7).

Die Gründung der Gemeinde

Paulus erreicht Thessalonich auf seiner **zweiten Missionsreise**, über die Lukas ab Apg 15,36 berichtet. Die Reise findet bald nach dem sog. Apostelkonzil in Jerusalem statt, bei dem sich Paulus mit seinen Glaubensgeschwistern aus Jerusalem über die Möglichkeit christlicher Mission unter Nicht-Juden verständigt hatte (Apg 15,1-35). Paulus und Silas, der ihn schon zuvor begleitet hatte, brechen nun gemeinsam auf. In der Stadt Lystra kommt Timotheus hinzu, an den Paulus später zwei Briefe schreiben wird. In der Stadt Troas kommt außerdem wohl Lukas hinzu, der Autor des gleichnamigen Evangeliums und der Apostelgeschichte (vgl. Stott, *Thessalonians*, 17). Auf Lukas als Mitreisenden deutet jedenfalls der Wechsel im Text von der dritten zur ersten Person Plural hin (Apg 16,11 „Da fuhren *wir* von Troas ab").

Dieses Team ist also **zunächst in Kleinasien** unterwegs, dem Gebiet der heutigen Türkei. In Apg 16,9-10 wird beschrieben, wie Paulus dann im Traum eine Gestalt sieht, die ihn bittet, nach Mazedonien überzusetzen, also über das ägäische Meer hinüber aufs europäische Festland. Rückblickend markiert dies den **Beginn christlicher Mission in Europa**, soweit das NT darüber Auskunft gibt. Wir können also sehr dankbar sein, dass Paulus dem Ruf des Traums gefolgt ist und sich auf das Wagnis Europa eingelassen hat – letztlich profitieren davon auch wir selbst. In Mazedonien angekommen steuert die Gruppe zunächst Philippi an, wo die Botschaft von Jesus Christus trotz Schwierigkeiten schnell auf offene Ohren stößt; eine kleine Gemeinde wird gegründet (Apg 16,11-40). Lukas bleibt nun anscheinend zurück (der Text wechselt wieder in die dritte Person).

Die anderen reisen **weiter nach Thessalonich** (Apg 17,1-9). Dort angekommen, geht Paulus wie üblich zunächst in die Synagoge (V. 2) und predigt dort an drei aufeinanderfolgenden Sabbaten. Diese drei Predigten müssen einigen Eindruck gemacht haben; in V. 3 werden sie zusammengefasst: Paulus bezieht sich auf die gemeinsame Grundlage, die Schriften des Alten Testaments. Er weist nach, dass der erwartete Messias leiden und sterben würde; wahrscheinlich zitiert er dabei die Weissagung vom leidenden Knecht Gottes in Jesaja 53. Und er erzählt von Jesus, seinem Sterben und Auferstehen, mit der Pointe: Er ist es. Dieser Jesus – und der leidende Messias – sind ein und dieselbe Person. Das Ergebnis: Einige seiner jüdischen Zuhörer glauben ihm und schließen sich ihm an, außerdem einige Griechen und prominente Frauen. Zusammengenommen bedeutet das wahrscheinlich, dass Paulus nach und neben seiner Verkündigung in der Synagoge auch andere (also Nicht-Juden) zum Glauben führt und in der Stadt missionarisch tätig ist. Dazu passt auch seine spätere Warnung an die Gemeinde vor Götzendienst – damit richtet er sich sicherlich an Christen heidnischer Herkunft (1 Thess 1,9; vgl. Stott, *Thessalonians*, 18).

In diesem Fall ist Paulus sicherlich **längere Zeit** in der Stadt geblieben. Seine Mission besteht dabei wohl nicht nur in öffentlicher Verkündigung, sondern ist auch einfach Teil seines Berufsalltags. Schließlich betont er später, dass er für sein eigenes Auskommen gesorgt und kein Geld angenommen habe (1 Thess 2,5.9). Also ist er bei einem längeren Aufenthalt in Thessalonich auch dort seinem Beruf als Zeltmacher nachgegangen. Missionarische Gespräche ergeben sich dann mit Interessierten, die ihn aufsuchen, vielleicht auch mit Kunden und Geschäftspartnern (vgl. Weima, *Thessalonians*, Kap. 1).

Nach einer Weile jedoch muss Paulus die Stadt verlassen, die **Bedrohung wird zu groß**: Gegner von Paulus, die wohl Teil der Synagogengemeinde sind, aber sich Paulus' Botschaft nicht anschließen können, neiden ihm seinen Einfluss (Apg 17,5). Also werben sie ein paar zwielichtige Gestalten an („skrupellose Männer“, NGÜ) und lassen diese das Volk aufwiegeln. Sie ziehen vor das Haus von Jason, einem Mitglied der neuen Gemeinde, um Paulus und Silas abzuführen. Weil sie diese dort nicht antreffen, nehmen sie Jason selbst und einige andere Gemeindemitglieder mit. Ursprünglich wollen sie wohl vor der Bürgerversammlung vorsprechen, nun aber wenden sie sich direkt an das höhergestellte Gremium der „Politarchen“. Der Vorwurf der Gegner: Störung der öffentlichen Ordnung („Aufruhr“, V. 6) und Missachtung des Kaisers („sie behaupten, ein anderer sei der wahre Herrscher, nämlich Jesus“, V. 7). Die Autoritäten sind daraufhin „beunruhigt“ und lassen Jason und die anderen nur gegen Kaution wieder frei.

Von dieser wie auch von ähnlichen Auseinandersetzungen hat Paulus wohl auch **seelische Narben** davongetragen. Nur so lässt sich die Schärfe verstehen, mit der er in 1 Thess 2,14-16 über seine Gegner innerhalb des Judentums schreibt. Das kann man nur dann richtig auffassen, wenn man es als ***inner*jüdischen Konflikt** um den richtigen Weg mit Gott deutet. Denn Paulus selbst ist und bleibt ja Jude, aus seinem Zorn spricht auch der Schmerz eines Menschen, der von seinen eigenen Leuten enttäuscht ist. Nicht verschweigen darf man dabei, dass ein solcher Text im Lauf der Geschichte auch schrecklich fehlgedeutet werden konnte, missbraucht z. B. von der antisemitischen Propaganda der Nazis. Damit aber wurde auch der Glaube an den Juden Jesus selbst mit Füßen getreten und in sein krasses Gegenteil verkehrt. Und nur um diesen Glauben an Jesus, den Christus (das griechische Wort für *Messias*), geht es Paulus in seinen Briefen. Mehr dazu s. u. zu 1 Thess 2.

Zurück zu den Anfängen der Gemeinde: Nach dem Aufruhr in Thessalonich ist es für Paulus und Silas zu gefährlich geworden, weiter in der Stadt zu bleiben. Nachts **reisen sie weiter** nach **Beröa** (Apg 17,10), wo sie zunächst freundlich aufgenommen werden (V. 11-12), bis auch hier Gegner von Paulus aus Thessalonich eintreffen und neuen Streit provozieren (V. 13). Also reist Paulus vorerst ohne seine engsten Mitarbeiter weiter nach Athen (V. 14ff), wo er später auf dem Areopag seine berühmte Rede an die Griechen halten wird (V. 22-34). Silas und Timotheus kommen zwar für eine kurze Zeit wieder hinzu, allerdings schickt Paulus sie bald wieder zurück nach Mazedonien in die neuen Gemeinden; Silas besucht wahrscheinlich die Gemeinde in Philippi und Timotheus die Gemeinde in Thessalonich (1 Thess 3; vgl. Stott, *Thessalonians*, 18f).

Eine spannende, **dramatische Geschichte** – und noch dazu **historisch gut belegt**; als zeitweiser Augenzeuge muss Lukas über die Abläufe genau Bescheid gewusst haben. Für die Beteiligten war das Ganze allerdings sicher nicht „schön" spannend, sondern oft aufreibend und bedrohlich. Trotzdem nahmen sie Widerstand und Gefahr in Kauf, weil ihnen das Evangelium am Herzen lag – und die Menschen, die es angenommen hatten und nun weitere Unterstützung brauchten.

Nach den Besuchen in Mazedonien kehren Timotheus und Silas wieder zu Paulus zurück, der inzwischen in **Korinth** ist (Apg 18,5). Dort **erstatten sie ihm Bericht**. Timotheus' Bericht über Thessalonich muss gute und schlechte Nachrichten enthalten haben (1 Thess 3,6-10): Es gibt Grund zum Danken, die Gemeinde ist aktiv im Glauben (V. 6). Und es gibt Grund zur Sorge: Anscheinend stellen manche in der Gemeinde Paulus' Integrität infrage, und er muss sich rechtfertigen (1 Thess 2,1-12). Außerdem gibt es Klärungsbedarf in ethischen (1 Thess 4) und theologischen Fragen (1 Thess 5). Daraufhin schreibt Paulus seinen ersten Brief nach Thessalonich.

Der erste Brief an die Gemeinde

Paulus schreibt den 1. Thessalonicherbrief also in Korinth, im Jahr **51 nach Christus**. Damit ist der Brief **wahrscheinlich der älteste Paulusbrief** im NT. Das gilt jedenfalls dann, wenn der Galaterbrief erst nach dem sog. Apostelkonzil (Apg 15, s. o.) abgefasst wurde; davon geht die Mehrheit der Forschung aus. Es ist auch denkbar, dass Paulus den Galaterbrief doch schon vor der Begegnung in Jerusalem abgefasst hat (davon geht z. B. der namhafte Theologe John Stott aus). In diesem Fall wäre Gal der älteste und 1 Thess der zweitälteste Paulusbrief. So oder so sind wir in 1 Thess **ganz nah dran** am Ergehen und Selbstverständnis der allerersten christlichen Gemeinden. Wir können sozusagen Paulus über die Schulter schauen, während er das brandneue Evangelium von Jesus Christus verständlich macht und erstmals beim Aufbau einer jungen Gemeinde anwendet.

Der Aufbau des ersten Briefes

Im Anschluss an John Stott lassen sich zunächst **zwei Hauptteile** ausmachen (vgl. Stott, *Thessalonians*, 19-20):

Teil 1: Rückblick/Rechenschaft (Kap. 1–3)

- Paulus erinnert zunächst an die Gründung der Gemeinde, sozusagen an ihre „Flitterwochen" mit dem Evangelium (Kap. 1);
- er nutzt dies auch, um seine eigene Rolle klarzustellen und sich gegen Kritik zu verwahren (Kap. 2–3).

Teil 2: Ausblick/Ermahnung (Kap. 4–5)

- Paulus kommt auf aktuelle Fragen zu sprechen: Er fordert zu einem konsequent christlichen Lebensstil in einem heidnischen Umfeld heraus (4,1-8);
- er ermahnt zu einem geschwisterlichen Miteinander in der Gemeinde (4,9-12);
- er spendet Trauernden in der Gemeinde Trost (4,13-18);
- er bittet um Geduld im Warten auf die Rückkehr von Jesus (5,1-11);
- er gibt Ratschläge für das Zusammenleben in der Gemeinde und die Gestaltung des Gottesdienstes (5,12-28).

Dieser Aufbau ist logisch, wenn wir vor allem die zeitlichen Abläufe im Blick haben. Mit John Stott lässt sich der Brief aber zusätzlich auch stärker von seinen **Themen** her gliedern. Schließlich verschafft uns 1 Thess einen einmaligen Einblick in das Leben und Selbstverständnis der ersten christlichen Gemeinden. So erfahren wir im Brief etwas über urchristliche Evangelisation (1), den Dienst der ersten Gemeindegründer und -leiter (2–3), christlichen Lebensstil (4,1-12), christliche Hoffnung (4,13–5,11) und christliche Gemeinschaft (5,12-28) (siehe Stott, *Thessalonians*, 20). Damit ist der Brief eine wahre Schatzkiste, die es nun auszupacken gilt.

Der zweite Brief an die Gemeinde

Bald nach Abfassung des ersten Briefes sind anscheinend **neue Nachrichten aus Thessalonich** bei Paulus eingegangen, der sich weiterhin in Korinth aufhält. Wir schreiben also nach wie vor das Jahr 51 nach Christus. Paulus schreibt daraufhin einen zweiten Brief an die Gemeinde in Thessalonich. Dieser Brief ist meist weniger bekannt als der erste, aber dennoch immens wichtig, schon weil er sich wie eine „christliche Perspektive auf die Geschichte" (John Stott) liest.

Diese Sicht entwirft Paulus allerdings nicht rein theoretisch und in der Studierstube, sondern sie ergibt sich im Eingehen auf ganz bestimmte Missstände und Fehlentwicklungen (für das Folgende siehe Stott, *Thessalonians*, 140f):

Die Gemeinde ist nach wie vor unter **Druck von außen**, ihre Gegner in der Stadt machen ihr das Leben schwer. Paulus spricht ihnen Mut zu: Nur Gott hat das letzte Wort (2 Thess 1,4f).

- Die Gemeinde leidet auch unter **falschen Lehren im Innern**, die manche beunruhigen. So muss Paulus die Fehlinformation widerlegen, er selbst habe in einem Schreiben behauptet, Jesus sei schon wiedergekommen (2,2f). Nein, so Paulus, so sieht es nicht aus, wenn Jesus wiederkommt. Und er klärt auf, was wir für das Ende der Geschichte zu erwarten haben (Kap. 2).

- Die Gemeinde ist außerdem gelähmt von **Kritikern, die Paulus' Autorität** bestreiten und seine Lehre einfach in den Wind schlagen. Auch diesen tritt er mit deutlichen Worten und Ermahnungen entgegen (Kap. 3). Wie so oft in seinen Briefen nutzt er jedes dieser Probleme, um positiv deutlich zu machen, worum es beim Christsein geht und wie der Glaube an Jesus uns hilft.

Der Aufbau des zweiten Briefes

Der 2. Thessalonicher ist kürzer und konzentriert sich auf Zuspruch und Klärung von Fragen aus der Gemeinde vor allem mit Bezug auf das Ende der Geschichte:

- Der Ausblick auf die **Rückkehr von Jesus** und Gottes gerechtes Gericht hilft durchzuhalten (Kap. 1).
- Bis dahin müssen wir **nüchtern und wachsam** sein: Es sind noch Mächte aktiv, die uns verwirren und von Gott weglenken wollen (Kap. 2).
- Für die **Praxis** heißt das: füreinander beten und verantwortlich leben (Kap. 3).

Hier noch einmal beide Briefe im Überblick, zusammen mit den Gesprächseinheiten dieses Heftes (rechte Spalte). Für die Abschnittsüberschriften des Bibeltextes orientiere ich mich an der *Neuen Genfer Übersetzung*:

1. Thessalonicher	
1,1-10 Anfang – Die gute Aufnahme des Evangeliums in Thessalonich	**1 So geht Christsein**
2,1-12 Das Wirken des Apostels und seiner Mitarbeiter in Thessalonich	**2 Christsein ohne Hintergedanken**
2,13-20 Glaube trotz Verfolgung	**3 Christsein unter Druck**
3,1-13 Der Auftrag des Timotheus – sein ermutigender Bericht	**4 Christsein mit langem Atem**
4,1-12 Das richtige Verhalten im sexuellen Bereich und im Umgang miteinander	**5 Christsein konsequent**
4,13-18 Was wird mit den Christen, die vor Jesu Wiederkunft sterben?	**6 Der Trost des Glaubens**
5,1-11 Bereit sein für den Tag, an dem Jesus wiederkommt	**7 Die Hoffnung des Glaubens**
5,12-28 Das Zusammenleben in der Gemeinde u. a. – Bitten und Grüße	**8 Die Gemeinschaft des Glaubens**
2. Thessalonicher	
1,1-12 Anrede – Gott sorgt für Gerechtigkeit	**9 Dranbleiben – weil Gott gerecht ist**
2,1-17 Der große Verführer. An der Wahrheit festhalten	**10 Dranbleiben an der Wahrheit**
3,1-18 Füreinander beten. Wer nicht arbeiten will, soll auch nicht essen. Segenswunsch	**11 Dranbleiben an der Gemeinschaft**

Hier können Sie sich ein Video ansehen, in dem der Autor seine Einführung in die Thessalonicherbriefe vorträgt:
https://youtu.be/p741u__xk9c

So geht Christsein

1

1. Thessalonicher 1,1-10

EINSTIEG
(15–20 Minuten)
Wählen Sie bitte eine oder zwei Fragen aus.

1. Wenn Sie Ihren Briefkasten leeren: Welche Post lesen Sie zuerst und warum?

2. Wie beginnen Sie einen Brief oder eine Nachricht an einen Menschen, der Ihnen besonders wichtig ist? Was schreiben Sie zuerst?

3. Haben Sie schon einmal miterlebt, wie Menschen begeistert zum Glauben kommen – und hat Ihnen das selbst Mut gemacht?

4. Warum sind Menschen, die gerade erst Christen geworden sind, oft besonders gut darin, gleich auch andere zum Glauben einzuladen?

BIBELTEXT

Anfang und Anrede

1 Paulus, Silvanus und Timotheus an die Gemeinde in Thessalonich. Euch allen, die ihr Gott, dem Vater, und Jesus Christus, dem Herrn, gehört, wünschen wir Gnade und Frieden.

Die gute Aufnahme des Evangeliums in Thessalonich

2 Es vergeht kein Tag, an dem wir Gott nicht für euch alle danken. Jedes Mal,
wenn wir im Gebet vor ihm, unserem Vater, für euch einstehen, 3 erinnern wir
uns daran, wie entschieden ihr euren Glauben in die Tat umsetzt, zu welch
unermüdlichem Einsatz ihr aus Liebe bereit seid und wie standhaft euch die
Hoffnung macht, dass Jesus Christus, unser Herr, wiederkommt.
4 Ja, Geschwister, ihr seid von Gott geliebt; wir wissen, dass er euch er-
wählt hat. 5 Das wurde schon damals deutlich, als wir euch das Evangelium
verkündeten: Gott redete nicht nur durch unsere Worte zu euch, sondern
auch durch das machtvolle Wirken des Heiligen Geistes und durch die große
Zuversicht, die uns erfüllte, sowie überhaupt durch unser ganzes Verhalten
euch gegenüber, das euch zeigte, dass es uns um euch ging und nicht um uns
selbst. 6 Und ihr habt das Evangelium auch wirklich angenommen, obwohl ihr
schweren Anfeindungen ausgesetzt wart, und habt diese mit einer Freude
ertragen, wie nur der Heilige Geist sie schenken kann. Damit seid ihr unse-
rem Beispiel und dem Beispiel des Herrn gefolgt 7 und seid selbst zu einem

Vorbild für alle Gläubigen in den Provinzen Mazedonien und Achaia gewor-
den. 8 Ja, von eurer Gemeinde aus hat sich die Botschaft des Herrn in ganz
Mazedonien und Achaia verbreitet, und nicht nur dort: Es gibt inzwischen
kaum noch einen Ort, wo man nicht von eurem Glauben an Gott gehört hätte.
Wir brauchen gar nichts mehr darüber zu sagen; 9 überall redet man davon,
was für eine Wirkung unser Besuch bei euch gehabt hat. Die Leute erzählen,
wie ihr euch von den Götzen abgewandt und dem lebendigen und wahren
Gott zugewandt habt, um ihm zu dienen 10 und auf seinen Sohn zu warten,
der vom Himmel zurückkommen wird – auf Jesus, den er von den Toten aufer-
weckt hat und der uns vor dem kommenden Gericht rettet.

BIBELGESPRÄCH

(30–40 Minuten) Wählen Sie ggf. unter den Fragen aus.

1. Wen nennt Paulus alles als Mit-Absender des Briefes (V. 1)? Welche Rolle spielten diese Menschen bei der Gründung der Gemeinde in Thessalonich? Siehe auch Apg 15,40; 16,1 und 17,1-4.

2. Wofür dankt Paulus zu Beginn des Briefes besonders? Worin genau äußern sich bei den Thessalonichern ihr Glaube, ihre Liebe und ihre Hoffnung (V. 3)?

3. Was macht Paulus im Rückblick so gewiss, dass Gott die Thessalonicher „erwählt“ hat (V. 4-5)?

4. Unter welchem Druck stand der neu gefundene Glaube der Thessalonicher von Anfang an? Lesen Sie hierzu auch Apg 17,5-9; weitere Hintergründe finden sich unten in den Erläuterungen.

5. Warum erwähnt Paulus in V. 6 das Beispiel von Jesus und sein eigenes Beispiel in einem Atemzug? Ist das nicht allzu selbstbewusst? Siehe hierzu auch die Erläuterungen.

6. Warum schreibt Paulus in V. 8, die Thessalonicher machten ihn als Missionar geradezu arbeitslos? Wie kommt er zu dieser Aussage, und welches Bild von Mission steckt dahinter?

7. Von welchen Götzen mussten sich die Thessalonicher abwenden, wenn sie Christen wurden? Warum war diese Abkehr notwendig? Siehe hierzu die Erläuterungen zur religiösen Landschaft in Thessalonich.

1. Wenn Sie im Gebet an Ihre Gemeinde denken: Wofür wollen Sie in Zukunft wieder verstärkt danke sagen?

2. Andere auf dem Weg zum Glauben begleiten tut unserem eigenen Glauben gut, wie eine geistliche Vitaminspritze. Was können Sie praktisch tun, um selbst diese Erfahrung zu machen?

3. Für welchen Menschen sind Sie vielleicht das einzige ihm bekannte lebendige Exemplar eines Christen oder einer Christin? Wie können Sie für diese Person ein besonders hilfreiches Beispiel sein?

4. Was könnte in Ihrer Gemeinde dazu beitragen, dass Mission à la Thessalonich (die einen sagen's den andern, die Hauptamtlichen sind *fast* nicht mehr nötig ...) noch besser gelingt?

5. Von welchen Götzen müssen sich Menschen heute abwenden, wenn sie mit Jesus ganze Sache machen wollen?

AUSTAUSCH

(15–30 Minuten) Wählen Sie ggf. unter den Fragen aus. Sie können das Gespräch mit einem gemeinsamen Gebet abschließen. Fragen, die nicht in der Gruppe thematisiert werden, können Ihnen auch als Anstoß dienen, zu Hause den Text vertiefend zu betrachten.

ERLÄUTERUNGEN

V. 1. Paulus beginnt den Brief, indem er den klassisch antiken Eingangsgruß „tauft", also verchristlicht: *chairein* schrieben höfliche Griechen damals zu Beginn – „Grüße" – Paulus macht daraus das ähnlich klingende *charis* – **Gnade**, also ein Kernwort des christlichen Glaubens. Und ergänzt: „... **und Frieden**", was nach dem hebräischen *shalom* klingt (siehe Weima, *Thessalonians*, zu 1,1). „Gnade und Friede" ist damit ein respektvoller Gruß an die nicht-jüdischen wie auch an die jüdischen Menschen in der Gemeinde, die im Glauben an Jesus vereint sind. (Und da sage noch jemand, Briefanfänge seien eine reine Formalität ...)

Und weiter: **Silvanus (bzw. Silas) und Timotheus** werden als Mit-Absender genannt. Damit ist kaum gemeint, dass sie auch den Brief zusammen mit ihm verfasst hätten. Später im Brief nämlich schreibt Paulus öfters ausdrücklich nur aus seiner eigenen Sicht (2,18; 3,5; 5,27; siehe Weima, *Thessalonians*, zu 1,1). Aber die Nennung seiner Mitarbeiter gleich zu Beginn zeigt, dass die drei ein Team auf Augenhöhe bilden. Mehr über Silas und Timotheus erfahren wir im Bericht der Apg über die zweite Missionsreise (besonders Apg 15,40; 16,1 und 17,1-4). Siehe hierzu auch oben im Einführungskapitel den Abschnitt „Die Gründung der Gemeinde".

V. 2. eröffnet die **Danksagung**, die in fast jedem Paulusbrief am Anfang steht (eine Ausnahme bildet der Galaterbrief). Während man sonst in antiken Briefen hier allerdings nur ein paar allgemeine Floskeln mit Dank an die Götter findet, nutzt Paulus diesen Abschnitt für einen ausführlichen, ja überschwänglichen Dank für das Bestehen der Gemeinde und für ihre geistliche Ausstrahlungskraft. Laut Jeffrey Weima hat die Danksagung darüber hinaus weitere Funktionen (*Thessalonians*, zu 1,2-10):

- Begleitung – Paulus nimmt so trotz der örtlichen Entfernung seine Rolle als Gründer und Hirte der jungen Gemeinde wahr, ermutigt sie und leitet sie an.
- Ermahnung – in Paulus' Dank steckt auch die Herausforderung, in dem engagierten Christsein nicht nachzulassen, das er als so vorbildlich beschreibt.
- Vorschau: In diesen Versen klingen wichtige Themen des folgenden Briefes an, sie lassen sich daher auch als Ausblick, als „Trailer" des ganzen Briefes lesen.

V. 3. Paulus ist nicht nur begeistert, sondern auch konkret: An den Thessalonichern sind **Glaube, Liebe und Hoffnung** deutlich erkennbar. (Kein Zufall übrigens, dass dieser berühmte Dreiklang aus 1. Korinther 13 schon so früh bei Paulus auftaucht, wenn auch in anderer Abfolge.) Sichtbar sind alle drei an ihren **praktischen Auswirkungen**: Ihr Glaube zeigt sich in ihrem Verhalten („Tat"), ihre Liebe an ihrem „unermüdlichen Einsatz" und ihre Hoffnung an ihrer Ausdauer („standhaft"). Im Folgenden wird deutlicher werden, was genau Paulus hier jeweils im Blick hat.

V. 4. Er ist jedenfalls gewiss: Gott hat die Thessalonicher „erwählt". Paulus formuliert hier keine allgemeine Lehre von der Erwählung, sondern wie auch sonst in seinen Briefen, wenn er von **Erwählung** spricht, geht es ihm um den **Zuspruch für ganz bestimmte Menschen**. Dass diese Menschen erwählt sind, daraus folgt *nicht*, dass andere von vornherein nicht erwählt wären, oder gar, dass sie grundsätzlich vom Heil ausgeschlossen wären. Darum geht es Paulus hier überhaupt nicht. Und doch ist ihm natürlich bewusst, dass sich „Erwählung" im AT zunächst nur auf das Volk Israel bezieht. Er wendet den Begriff nun auf eine Gemeinde aus Juden *und* Heiden an; auch die Heiden können als erwählt gelten, wenn sie an Jesus glauben. Paulus schreibt davon ohne weitere Erläuterung. Das deutet darauf hin, dass er schon bei seinen ersten Predigten in Thessalonich über diesen Punkt gesprochen hat (siehe Weima, *Thessalonians*, zu 1,5).

Paulus sagt nun sogar: „Wir wissen" (!), dass ihr erwählt seid. Woher will er das so genau wissen? Weil schon der Beginn des Glaubens der Thessalonicher deutliche Züge des Wirkens Gottes trug. ‚Ganz offenkundig war Gott bei euch am Wirken', sagt Paulus also, ‚das zeigt mir, dass er euch von Anfang an dabeihaben wollte.' Den Beleg liefert er im nächsten Vers:

V. 5. Die Botschaft von Jesus wurde von den Menschen in Thessalonich anscheinend **bereitwillig aufgenommen** – darauf deutet gerade der Widerstand hin, der sich bald regte (vgl. Apg 17,5-9). Nur eine schnell wachsende junge Gemeinde wie diese konnte genug Aufsehen erregen, um schon bald auch Gegner auf den Plan zu rufen.

Paulus betont, dass die Botschaft (nicht nur, aber auch) „durch Worte" erging, sondern auch „durch das ... **Wirken des Heiligen Geistes**". Damit müssen nicht besondere Wunder gemeint sein, die auch sonst in Paulus' Briefen keine besondere Rolle bei seiner Mission spielen (vgl. Stott, *Thessalonians*, 34). Stattdessen ist wohl einfach gemeint, wie schnell und wie nachhaltig die Thessalonicher den Glauben angenommen haben. Das schafft keine menschliche Überredungskunst, das kann nur Gottes Geist bewirken.

Paulus verbindet den Rückblick gleich mit einem ersten Hinweis auf seine eigene Rolle. Mehr dazu wird er in Kap. 2 sagen, wenn er sich im Detail gegen Angriffe auf seine Glaubwürdigkeit verwahrt.

V. 6-7. Der Widerstand gegen die junge Gemeinde war also gleich der **Testfall** für ihren neu gefundenen Glauben, den Paulus ab V. 2 so begeistert lobt. „Standhaft in Hoffnung" (V. 3) hieß für die Thessalonicher konkret, sich mit ihrem Glauben nicht zu verstecken, auch wenn man dafür in der Stadt unter Druck kam und vielleicht sogar vor das örtliche Gericht gestellt wurde (s. o.; vgl. Apg 17,5-9).

Paulus lobt die Gemeinde auch dafür, dass sie dabei auch seinem eigenen Vorbild gefolgt ist, so wie er selbst dem Vorbild von Jesus folgt. Das klingt für heutige Ohren etwas unbescheiden; wer stellt sich schon selbst als Vorbild dar? Aber es war in der Antike üblich, zudem war es in diesem Umfeld ohne Alternative: Wie das Leben als Christ praktisch aussieht, lernt man immer auch vom Beispiel anderer, und in einer Pioniersituation wie in Thessalonich gab es zunächst keine anderen Beispiele als Paulus und sein Team selbst. Es kann sein, dass wir das zunehmend auch selbst so erleben: Manche Menschen kennen außer uns vielleicht kaum noch andere überzeugte Christen – umso wichtiger ist es, ihnen den Glauben überzeugend und realistisch vorzuleben.

Das Beispiel der Thessalonicher zieht jedenfalls bald selbst Kreise – auch für junge Gemeinden in ihrer Umgebung dienen nun sie selbst als Inspiration und Ermutigung.

V. 8. An dieser Stelle spürt man Paulus wieder seine fast kindliche Begeisterung ab: Die Botschaft zieht Kreise! Genauer: Sie **hallt nach**, sie verbreitet sich wie ein Echo. Denn wo in der *Neuen Genfer Übersetzung* „verbreitet" steht (Luther 2017: „erschollen"), wird im Griechischen das Verb *execheo* verwendet, von dem unser Wort „Echo" herstammt.

Paulus kommentiert sogar, fast machten die Thessalonicher ihn und seine Mitarbeiter arbeitslos. Das ist natürlich mit einem Augenzwinkern gesagt, bekanntlich blieb Paulus noch lange missionarisch aktiv. Aber es entspricht genau dem **Bild von Mission**, das er anscheinend vor Augen hatte: Er gründet Gemeinden in regionalen Zentren und vermittelt ihnen einen Glauben, der unbedingt weitergesagt werden muss – und diese Gemeinden haben eine Ausstrahlung auf ihre Umgebung, die sich wiederum immer weiter fortsetzt. Mission ist also niemals die Sache weniger Spezialisten, sondern immer Sache der ganzen Gemeinde.

V. 9-10. Dabei kamen die Thessalonicher zu Beginn ihres Glaubens nicht nur von außen unter Druck, auch innerlich muss die Botschaft des Evangeliums für sie eine große Herausforderung gewesen sein. Jesus zu folgen erforderte auch die deutliche Abkehr von den „Götzen", von allen Konkurrenten auf dem Markt der religiösen Möglichkeiten. Und dieser Markt war gerade damals in Thessalonich bunt und vielfältig (siehe oben im Einführungskapitel den Abschnitt „Thessalonich"). Christsein kostete diese Menschen also etwas, innerlich wie äußerlich, und dennoch waren sie mit Freude dabei – weil sie erkannten, dass nur Jesus echte Rettung bringt. Die Eindeutigkeit, mit der Paulus sie zum Glauben rief, hat ihre Begeisterung also nicht geschmälert, sondern eher vergrößert.

Diese Anregungen möchte ich mir merken:

2 Christsein ohne Hintergedanken

1. Thessalonicher 2,1-12

EINSTIEG
(15–20 Minuten)
Wählen Sie bitte eine oder zwei Fragen aus.

1. Wie muss ein Mensch sein, dem Sie ein gebrauchtes Auto oder ein gebrauchtes Smartphone abkaufen würden?

2. Was sind die glaubwürdigsten christlichen Leiter, die Ihnen begegnet sind? Was macht diese Menschen aus?

3. Mussten Sie auch schon Erfahrungen mit christlichen Leitern machen, die sich unglaubwürdig verhalten haben? Wie wirkte sich das auf deren Umfeld aus?

BIBELTEXT

Das Wirken des Apostels und seiner Mitarbeiter in Thessalonich

1 Ihr wisst ja selbst, Geschwister, dass unser Aufenthalt bei euch nicht ver-
geblich gewesen ist. 2 Kurz zuvor, in Philippi, hatten wir noch viel zu leiden
gehabt; ihr wisst, dass wir beschimpft und misshandelt worden waren. Aber
unser Gott schenkte uns neuen Mut, und obwohl wir auch in Thessalonich
auf heftigen Widerstand stießen, konnten wir euch sein Evangelium frei und
offen verkünden.
3 Mit dieser Botschaft führen wir schließlich niemand in die Irre; wir verfol-
gen auch keine fragwürdigen Absichten, wenn wir dazu auffordern, sie anzu-
nehmen, und arbeiten nicht mit betrügerischen Methoden. 4 Nein, das Evan-
gelium ist uns von Gott selbst anvertraut, der uns geprüft und für zuverlässig
befunden hat, und wir verkünden es in der Verantwortung vor ihm. Es geht
uns nicht darum, Menschen zu gefallen, sondern ihm, der unser Innerstes
kennt und prüft.
5 Wir haben – das könnt ihr bestätigen – nie versucht, uns mit schönen
Worten bei euch einzuschmeicheln. Die Verkündigung diente uns auch nicht
als Vorwand, um uns zu bereichern; dafür ist Gott unser Zeuge. 6 Ebenso we-
nig ging es uns darum, von Menschen geehrt zu werden, weder von euch
noch von irgendjemand anders. 7 Wir hätten das Recht gehabt, von unserer
Autorität als Apostel Christi vollen Gebrauch zu machen; stattdessen sind wir
behutsam mit euch umgegangen wie eine Mutter, die liebevoll für ihre Kinder
sorgt – 8 so sehr hatten wir euch ins Herz geschlossen. Ihr wart uns so lieb
geworden, dass wir mit ebenso viel Freude, wie wir euch das Evangelium wei-
tergaben, auch unser ganzes Leben mit euch teilten.
9 Ihr erinnert euch doch sicher daran, Geschwister, dass wir damals, als

wir euch das Evangelium verkündeten, Tag und Nacht für unseren Lebensunterhalt arbeiteten; wir mühten uns ab und scheuten vor keiner Anstrengung zurück, um nur ja keinem von euch zur Last zu fallen. [10] In all unserem Umgang mit euch, unseren Glaubensgeschwistern, ließen wir uns von der Ehrfurcht vor Gott leiten, und unser Verhalten war in jeder Hinsicht korrekt und tadellos. Ihr könnt es bestätigen, und Gott selbst ist unser Zeuge. [11] Ihr wisst, dass wir uns um jeden Einzelnen von euch gekümmert haben wie ein Vater um seine Kinder. [12] Wir haben euch ermahnt und ermutigt und mit allem Nachdruck daran erinnert, wie wichtig es ist, ein Leben zu führen, durch das Gott geehrt wird. Er ist es ja, der euch dazu beruft, an seinem Reich und an seiner Herrlichkeit teilzuhaben.

BIBELGESPRÄCH

(30–40 Minuten)
Wählen Sie ggf. unter den Fragen aus.

1. Was wissen Sie über Paulus’ Besuch in Thessalonich und die Vorgeschichte in Philippi (V. 1-2)? Schauen Sie hierzu ggf. in Apg 17,5-9 sowie in Apg 16,23-34.

2. Wieso betont Paulus diese Vorgeschichte an dieser Stelle; welchem Vorwurf will er damit begegnen?

3. Warum muss Paulus eigens betonen, dass er keine unlauteren Absichten verfolgte (V. 3-6)? Wie traten damals andere wandernde Vertreter neuer Lehren manchmal auf? Siehe hierzu die Erläuterungen.

4. Warum vergleicht Paulus seine Beziehung zur Gemeinde mit der von Eltern zu ihrem Kind (V. 7-8.11)? Was will er damit deutlich machen?

5. Wie hat Paulus in seiner Zeit in Thessalonich seinen Lebensunterhalt finanziert? Warum betont er hier auch diesen Punkt, und wie unterschied er sich auch hierin von anderen wandernden Lehrern?

6. Worin zeigte sich sein unermüdlicher Einsatz für die junge Gemeinde im Einzelnen? Wenn man einen Film von Paulus in Thessalonich drehen wollte, was für Szenen müsste er enthalten?

AUSTAUSCH

(15–30 Minuten) Wählen Sie ggf. unter den Fragen aus. Sie können das Gespräch mit einem gemeinsamen Gebet abschließen.

1. Wie wichtig ist ein glaubwürdiger Lebensstil für eine glaubwürdige Botschaft? Kennen Sie dafür positive oder auch negative Beispiele?

2. Wie passt dazu die Kernbotschaft des Glaubens, dass alle, auch die konsequentesten Christen, Vergebung brauchen? Wie sieht ein glaubwürdiger Umgang mit eigenen Fehlern aus?

3. Was genau empfiehlt Paulus hier, um die eigene Glaubwürdigkeit in der missionarischen Arbeit sicherzustellen? Was empfiehlt er in Bezug auf Finanzierung, gesellschaftliche Anerkennung und persönlichen Einsatz?

4. Was davon ist wie auf heute übertragbar? Wovon können sich hier alle Christen inspirieren lassen, unabhängig von ihrer Rolle und Aufgabe in der Gemeinde?

5. Was beeindruckt Sie selbst am meisten von dem, was Paulus hier über seinen Einsatz schreibt?

ERLÄUTERUNGEN

Paulus verteidigt sich in Kap. 2 ausführlich gegen die Vorwürfe und Zweifel an seiner Glaubwürdigkeit, die er zuvor bereits angedeutet hat. Diese Vorwürfe stammen offenkundig von Gegnern außerhalb der Gemeinde; anders wäre das überschwängliche Lob für die Gemeinde in Kap. 1 kaum zu erklären. Wahrscheinlich sind die Gegner die gleichen wie schon bei Paulus' Besuch in Thessalonich (s. o. Apg 17,5-9), also Bewohner der Stadt, denen die neue Gemeinde ein Dorn im Auge ist und die es daher besonders auf ihren Gründer abgesehen haben. Obwohl es also um Kritik von außen geht, muss sie aber auch Menschen innerhalb der Gemeinde beunruhigt haben, denn sonst müsste Paulus nicht so ausführlich dazu Stellung nehmen. Worum es bei den Vorwürfen im Einzelnen geht, ergibt sich aus Paulus' Reaktion in den folgenden Versen:

V. 1. Paulus erinnert die Thessalonicher noch einmal daran, wie sie auf Paulus' Predigt hin zum Glauben gefunden haben. ‚Das war **nicht umsonst**', betont er, ‚ihr seid nach wie vor dabei' – und er verteidigt seine eigene Glaubwürdigkeit wohl auch deswegen, damit dies so bleibt.

(Einzelne ältere Handschriften deuten darauf hin, dass die Stelle urspr. „nicht unaufrichtig" gelautet haben könnte und nicht „nicht vergeblich". Das würde zur folgenden Verteidigungsrede passen. Aber auch die Variante „nicht vergeblich" ist aus den genannten Gründen gut denkbar.)

Mit **V. 2 verteidigt** sich Paulus anscheinend **gegen den Vorwurf der Feigheit** – immerhin hat er laut Apg 17,5-9 im Zuge der Auseinandersetzungen Thessalonich verlassen und später erst einmal nur seinen Mitarbeiter Timotheus dorthin geschickt. Er betont daher, dass er auch schon zuvor, in Philippi, Verfolgung erlebt und dies seine Entscheidungen in keiner Weise beeinflusst hat. Liest man die Berichte über seine Missionsreisen in der Apg am Stück, mit all den Gefahren, denen er ausgesetzt war, ist Feigheit auch wirklich das Letzte, was ihm vorzuwerfen wäre.

V. 3 kontert offenkundig einen weiteren **Vorwurf**, nämlich den **der unlauteren Absichten**. Das war aus damaliger Sicht gar nicht mal abwegig, schließlich waren die urchristlichen Missionare nicht die einzigen, die mit neuen Lehren und Weltanschauungen in den Städten des Römischen Reiches unterwegs waren. Auch sog. Wanderphilosophen und Vertreter neuer Kulte waren in ähnlicher Weise auf Reisen. Nicht alle von ihnen genossen allerdings hohes Ansehen; ihr Geschick darin, auf Kosten ihrer Anhänger zu leben und auf Geld und Ansehen aus zu sein, war in manchen Kreisen sprichwörtlich.

Paulus betont daher ausdrücklich: Wir „führen niemand in die Irre". Im Griechischen steht hier das Wort *dolos*, das ursprünglich so viel wie Köder bedeutet und im übertragenen Sinn für Täuschung und Betrug steht (siehe Weima, *Thessalonians*, zu 2,3). Paulus sagt also: Wir ködern nicht mit manipulativen Mitteln, sondern sind aufrichtig und eindeutig. Die Belege liefern die nächsten Verse:

V. 4-5. Paulus stellt klar, was **seine Motivation** ist: Das Evangelium zu verkündigen, weil es **von Gott** kommt, nicht weil er damit Menschen gefallen wollte. Natürlich ist das Evangelium eine frohe Botschaft und macht daher auch die Menschen froh, die es annehmen (vgl. Kap. 1,7). Aber Paulus predigt deswegen nicht möglichst gefällig, er versucht nicht, sich „mit schönen Worten ... einzuschmeicheln". Sondern er predigt möglichst klar und mutet seinen Hörern auch Herausforderungen zu, wie der ganze 1 Thess zeigt.

V. 6-8 scheint auf den **Vorwurf** zu antworten, **Paulus sei selbstherrlich aufgetreten** und es gehe ihm vor allem um sein Ansehen und seinen Einfluss. Nein, so schreibt er, ich habe ja noch nicht einmal auf meinen Titel als Apostel gepocht. Dieser Titel stünde ihm eigentlich zu, weil er ja wie die anderen Jünger eine direkte Begegnung mit dem Auferstandenen hatte. Paulus führt diesen Titel daher auch in seinen späteren Briefen, verzichtet darauf aber in 1 Thess, und dies wohl bewusst. Stattdessen nennt er zu Beginn ausdrücklich sein ganzes Mitarbeiterteam als Mit-Absender (s. o.).

Genauso ist er auch schon in Thessalonich aufgetreten, **wie eine Mutter**, die alles für ihre Kinder tut. Der Grund: Es geht ihm **allein um das Evangelium** und um die Menschen, die es angenommen haben! Nur *deswegen* ist er so deutlich in seiner Predigt und so engagiert im Einsatz für die junge Gemeinde.

Wer nicht selbst eine ähnlich starke Überzeugung hat, für die er alles einsetzt, kann sich auf so viel Engagement oft keinen Reim machen – und vermutet Hintergedanken oder Wichtigtuerei. Diesen Vorwurf gibt es auch heute noch. Und von Paulus kann man lernen, wie man darauf antworten kann.

In **V. 9** geht Paulus nochmals auf den **Vorwurf** ein, **er habe sich persönlich bereichern wollen**, so wie es reisenden Lehrern sonst zum Teil nachgesagt wurde. Vielleicht hat zu diesem Gerücht auch beigetragen, dass er während seiner Zeit in Thessalonich finanzielle Unterstützung aus Philippi erhielt (so Phil 4,16; vgl. Weima, *Thessalonians*, zu 2,1-16, auch für das Folgende). Oder vielleicht fiel es Außenstehenden auf, dass auch der anscheinend wohlhabende Jason sowie einige reiche Frauen zur Gemeinde gehörten (Apg 17,4).

Also muss Paulus klarstellen: Er hat keinerlei Geld von den Thessalonichern angenommen. Darum ging es ihm auch gar nicht. Stattdessen hat er wie üblich selbst für seinen Lebensunterhalt gesorgt, und das sogar „Tag und Nacht". Wahrscheinlich meint er damit seine Arbeit als Zeltmacher (wohl auch als Fachmann für die Arbeit mit Leder allgemein). Dass geistliche Lehrer immer auch in einem praktischen Beruf ausgebildet wurden und damit ihren Lebensunterhalt bestreiten konnten, war im rabbinischen Judentum üblich (vgl. Weima, *Thessalonians*, zu 2,9).

Für Paulus war dies nicht nur nützlich, sondern auch im Gespräch von großem Vorteil, weil er in Sachen Finanzen eben über jeden Zweifel erhaben war. Weltweit gibt es das sog. **Zeltmacher-Prinzip** noch heute, viele Missionare und auch

Pastoren gehen neben ihrer Gemeindearbeit einem weiteren Beruf nach. Das bedeutet nicht, dass die bei uns übliche Bezahlung von Hauptamtlichen im vollzeitlichen Dienst nicht ebenfalls legitim wäre. Aber sie ist eben nicht die einzige Möglichkeit. Das Zeltmacher-Prinzip funktioniert allerdings nur dann, wenn die ganze Gemeinde mit gleichem Einsatz bei der Sache ist wie die Leitung.

V. 10-12 führt noch einmal **Paulus' Verhalten im Gemeindealltag** und in der Begleitung der neuen Christen als Beleg für seine Glaubwürdigkeit an. ‚Ihr wart selbst dabei', sagt Paulus sinngemäß, ‚ihr wisst doch selbst, wie ich mich eingesetzt habe'. Paulus hat eben nicht nur einige Predigten gehalten und ist dann weitergezogen. Glaubwürdiges Auftreten ist leichter, wenn es nicht viel Zeit kostet. Der Testfall ist die Langstrecke. Paulus hat über einen längeren Zeitraum viele einzelne Gespräche geführt, sich dabei auch vor Ermahnungen und unbequemen Herausforderungen nicht gescheut – und führt dies nun im Rückblick zu Recht als Beleg für seine Aufrichtigkeit an. Dabei vergleicht er sich nun auch mit einem **Vater** – nach damaligem Verständnis der Vorsteher der Familie, der das Recht hat, klare Ansagen zu machen und freundlich zurechtzuweisen. Und wieder geht es Paulus auch dabei nicht zuerst um seine eigene Autorität, sondern allein darum, dass die Thessalonicher nah bei Gott bleiben und im Glauben an ihn wachsen.

Diese Anregungen möchte ich mir merken:

____

____

____

____

Christsein unter Druck

1. Thessalonicher 2,13-20

3

1. Wann haben Sie zuletzt Gegenwind erlebt, als Sie öffentlich für Ihre Meinung eingestanden sind?
2. Kennen Sie Menschen, denen es erfrischend unwichtig ist, wie andere über sie denken? Was zeichnet diese Menschen aus?
3. Wie kommt das: Manchmal kritisiert man die „eigenen Leute" besonders scharf, die doch eigentlich dasselbe wollen wie man selbst. Woran könnte das liegen?

EINSTIEG
(15–20 Minuten)
Wählen Sie bitte eine oder zwei Fragen aus.

Glaube trotz Verfolgung

BIBELTEXT

13 Im Übrigen danken wir Gott immer wieder dafür, dass ihr die Botschaft, die
wir euch in seinem Auftrag verkündeten, als das aufgenommen habt, was sie
tatsächlich ist – das Wort Gottes und nicht eine Lehre von Menschen. Und seit
ihr glaubt, erfahrt ihr die Kraft dieses Wortes in eurem eigenen Leben. 14 Ihr
wart sogar bereit, Verfolgungen auf euch zu nehmen, liebe Geschwister, und
seid damit dem Vorbild der Gemeinden Gottes in Judäa gefolgt, die sich wie ihr
zu Jesus Christus bekennen. Denn ihr hattet durch eure Landsleute in gleicher
Weise zu leiden wie die Gläubigen von Judäa durch ihre Landsleute. 15 Diese
haben Jesus, den Herrn, getötet, wie sie es schon mit den Propheten gemacht
hatten, und jetzt verfolgen sie auch uns. Es ist unmöglich, dass sie Gott damit
gefallen! Außerdem stellen sie sich gegen alle Menschen, 16 weil sie uns daran
hindern wollen, den anderen Völkern die Botschaft zu verkünden, die ihnen
den Weg zur Rettung zeigt. Auf diese Weise machen sie das Maß ihrer Sünden
endgültig voll. Nun wird Gottes Zorn unweigerlich über sie hereinbrechen.

Sehnsucht nach einem Wiedersehen mit der Gemeinde

17 Zurück zu uns und unserem Ergehen, Geschwister. Obwohl wir doch nach
unserer Abreise nur äußerlich von euch getrennt waren, nicht in unseren Her-
zen, kamen wir uns wie verwaist vor und sehnten uns so sehr nach euch,
dass wir schon bald alles unternahmen, um euch wieder zu sehen. 18 Wir wa-
ren entschlossen, zu euch zu kommen; ich, Paulus, versuchte es sogar mehr
als einmal. Doch der Satan hat uns daran gehindert. 19 Wer ist denn unsere

Hoffnung und unsere Freude? Wer ist der Siegeskranz, auf den wir stolz sein können, wenn Jesus, unser Herr, wiederkommt und wir vor ihm stehen werden? Seid nicht gerade ihr es? [20] Ja, ihr seid unser Stolz und unsere Freude!

BIBELGESPRÄCH

(30–40 Minuten) Wählen Sie ggf. unter den Fragen aus.

1. Wieso betont Paulus, dass die Thessalonicher seine Botschaft „als Wort Gottes und nicht als Lehre von Menschen“ aufgenommen haben (V. 13)? Worin besteht der Unterschied, und woran zeigt sich das seitdem in ihrem Leben?

2. Auf was für Verfolgungen spielt Paulus in V. 14 an? Was davon hat er auch selbst erlebt? Siehe hierzu auch die Einführung in 1 Thess in diesem Heft, Abschnitt „Die Gründung der Gemeinde“.

3. Was wirft Paulus seinen jüdischen Gegnern in V. 15-16 vor? Warum ist er als Missionar unter den Nicht-Juden darüber so besonders zornig?

4. Textstellen wie diese sind in der Vergangenheit auch furchtbar missbraucht worden, besonders im Dritten Reich. Wissen Sie etwas darüber? Siehe hierzu auch die Erläuterungen.

5. Warum betont Paulus in V. 18, dass er fest entschlossen war, bald wieder zu ihnen zurückzukehren, aber daran gehindert wurde? Was wurde Paulus anscheinend vorgeworfen?

6. Was wird aus V. 17-20 noch über Paulus’ Verhältnis zur Gemeinde in Thessalonich deutlich? Wieso schreibt er, dass er sich ohne sie „verwaist“ fühlt (V. 17), und dass sie sein „Siegeskranz“ und „Stolz und Freude“ seien (V. 19-20)?

AUSTAUSCH

(15–30 Minuten) Wählen Sie ggf. unter den Fragen aus. Sie können das Gespräch mit einem gemeinsamen Gebet abschließen.

1. Wie ist der Zusammenhang zwischen dem Hören der Botschaft von Jesus und den Auswirkungen auf das eigene Leben? Woran merkt man, dass die Botschaft „angekommen“ ist?

2. Gehört Druck von außen, ja sogar Verfolgung, zum Christsein dazu? Und wenn ja, wie geht man damit am besten um?

3. Sind Sie in Kontakt mit Menschen, z. B. aus der weltweiten Mission, die für ihren Glauben direkte Verfolgung erleben? Was wissen Sie über diese Menschen, und was an ihnen inspiriert Sie?

4. Noch einmal: Wie lässt sich Paulus' harsche Kritik an seinen jüdischen Gegnern in diesem Text *richtig* verstehen – ohne dabei auszublenden, dass Texte wie dieser auch schrecklich verzerrt und missdeutet werden konnten?

5. Wie können Christen Juden von Jesus erzählen und dabei zugleich voller Respekt und Ehrfurcht für das auftreten, was Christen und Juden im Glauben an Gott verbindet?

ERLÄUTERUNGEN

So wie Paulus bei der Gründung der Gemeinde unter Druck von außen kam, so gehört solcher Druck auch für die Gemeinde selbst von Anfang an dazu. **Christsein ist umstritten,** es kann Widerstand und Ablehnung hervorrufen, das merken die ersten Christen in Thessalonich und andernorts schnell. Dabei kämen sie nie auf die Idee, die Verfolgungssituation romantisch zu verklären. Dazu ist sie zu real. Aber Verfolgung ist eben auch kein Zeichen dafür, dass man etwas falsch gemacht hätte. Paulus und sein Team wie auch die Gemeinde in Thessalonich haben sich hier nichts zuschulden kommen lassen, sie sind einfach deutlich, aber friedlich für ihre Überzeugung eingestanden. Stoßen sie trotzdem auf Ablehnung, ist das nicht ihr Fehler. **Druck von außen ist kein Systemfehler,** sondern gehört – leider – oft dazu.

Dennoch spürt man diesem Text ab, wie enttäuscht und auch verbittert Paulus darüber ist, von *wem* der Widerstand kommt: von seinen eigenen Landsleuten. Das bringt ihn in den folgenden Versen zu **scharfer Kritik an seinen Gegnern.** Umso wichtiger ist es, zu verstehen, wer hier schreibt: **Paulus, der selbst Jude ist und bleibt** und für den Glauben an Jesus, den jüdischen Messias, wirbt. Nur wenn man dies weiß, kann man die folgenden Verse richtig einordnen, andernfalls können sie schrecklich missverstanden werden (s. u.).

V. 13. Paulus hält fest: Seine Botschaft an die Thessalonicher war nicht die bloße Meinung eines Menschen, sondern sie kam von Gott. Das wird auch daran deutlich, was sie bewirkt: Denn **Gottes Wort** ist nie nur bloße Information, sondern **hat selbst verändernde Kraft** (vgl. Jes 55,10f; Röm 1,16f). So schreibt Paulus auch hier davon, dass die Thessalonicher „die Kraft dieses Worts ... erfahren". Zusätzlich kennzeichnet Paulus so auch noch einmal seine eigene Rolle: die eines Botschafters, dem es nicht um den eigenen Vorteil geht, sondern einzig darum, die aufgetragene Botschaft auszurichten.

V. 14a beschreibt genauer, wie sich das Wort Gottes in den ersten Christen in Thessalonich ausgewirkt hat: Sie sind Nachfolger geworden, d. h. **sie haben andere nachgeahmt** – nicht nur Jesus selbst, sondern auch die Christen in Judäa, die bereits Verfolgung erlitten haben. Wenn man uns heute nach praktischen Auswirkungen des Glaubens im Alltag fragte, würde uns das sicher nicht als Erstes einfallen! Paulus will aber keinesfalls düstere Stimmung verbreiten, sondern er wertet die Erfahrung der Thessalonicher im Gegenteil auf: Das, was ihr erlebt, ist schmerzhaft – aber es gehört dazu. Andere Christen haben es auch schon erlebt, ihr seid mit dieser Erfahrung nicht allein.

Mit **V. 14b** setzt dann **Paulus' harsche Kritik** an den Juden ein, die bis V. 16 reicht. Die *Neue Genfer Übersetzung* stellt hier gleich und treffend klar: Es handelt sich um **jüdische *Landsleute*.**

Paulus selbst ist ja Jude, auch die ersten Christen in Judäa waren sämtlich Juden – so wie Jesus selbst. Erst mit den Missionsreisen von Paulus und anderen kamen auch Christen nicht-jüdischer Herkunft hinzu. Und dass dies überhaupt möglich war, war keine Selbstverständlichkeit, sondern wurde in einem schwierigen Prozess von Gebet, Gespräch und gemeinsamem Nachdenken vereinbart (siehe Apg 15).

Der Normalfall in der Urchristenheit war also: **Jude *und* Christ**. Wer an Jesus als Messias glaubte, hörte damit nicht etwa auf, Jude zu sein. Stattdessen sah er Jesus als die Erfüllung der Prophetien im Alten Testament an. Dass auch Nicht-Juden dazukommen durften (was wohl für die meisten Leser dieses Heftes gilt), ist reines Geschenk und eine große Gnade. Davon schreibt auch Paulus selbst und ausführlich in Röm 11,17-24.

Die Schärfe seiner Kritik kann man von daher am besten als Ausdruck **enttäuschter Liebe** verstehen. Paulus klagt gewissermaßen: ‚Ihr meine Landsleute, Teil von Gottes erwähltem Volk, warum begreift ihr denn nicht, dass Jesus euer Messias ist? Ja, warum verfolgt ihr ihn und uns sogar?' – Oft kritisiert man ja die Menschen besonders streng, denen man eigentlich nahesteht und von denen man mehr erwartet hätte.

Das muss man alles im Hinterkopf haben, um **V. 15-16** richtig einzuordnen. Denn Paulus wirft jüdischen Gegnern der ersten Christen hier ja nicht nur vor, dass sie die ersten Gemeinden unter Druck setzen. Er wirft ihnen auch vor, schon am Tod von Jesus am Kreuz, ja sogar schon an der Verfolgung der Propheten im Alten Testament schuldig zu sein.

Deutlich ist damit, dass Paulus eben nicht konkrete Menschen vor Augen hat – denn keinem seiner Zeitgenossen konnte man ja die Verfolgung von Propheten früherer Zeiten vorwerfen. Stattdessen geht es ihm wohl um die ***Haltung* von Menschen**, die Gottes Handeln nicht verstehen, ja sogar feindselig darauf reagieren. Solche Menschen gibt es, und es gibt sie immer auch unter den „Frommen", unter den „eigenen Leuten".

Ein grobes Missverständnis wäre dagegen, bei Paulus hier grundsätzliche Feindseligkeit gegen alle Juden zu vermuten. Manche Ausleger machen in diesem Text sogar typisch judenfeindliche Motive aus, wie sie später gängig wurden. Wie gesagt: Das kann schon deswegen nicht sein, weil Paulus selbst Jude ist und bleibt. Und es ist auch historisch nicht möglich, weil ein solcher Antisemitismus eben eine spätere Entwicklung ist (vgl. Schreiber, *Thessalonicher,* 162). Man unterstellt Paulus hier also etwas, was der (zum Glück) noch gar nicht kennen konnte.

In **V. 17-18** betont Paulus nochmals, dass er nach seiner Flucht aus Thessalonich eigentlich bald wieder zurückkehren wollte (s. o. die Einführung in den Brief, Abschnitt „Die Gründung der Gemeinde"). Die Rückkehr war aber nicht möglich – warum genau, schreibt Paulus hier nicht, klar ist aber, dass er als Ursache den Satan, also das Wirken einer *gegen* Gott gerichteten Macht ansieht.

Es lag also nicht an Paulus, dass eine erneute Begegnung noch nicht möglich war. Paulus betont dies wohl auch deswegen so, weil ihm Kritiker Feigheit vorgeworfen haben. Zugleich vermisst er die junge Gemeinde einfach von Herzen, immerhin beschreibt er sich ohne sie als „verwaist".

V. 19-20 beschreibt die **enge Verbundenheit mit der Gemeinde** noch einmal positiv: Sie ist für Paulus und seine Mitarbeiter der **„Siegeskranz"**. Gemeint ist ein Kranz, wie er bei sportlichen Wettbewerben am Ende dem Sieger auf den Kopf gesetzt wird, ähnlich wie heute eine Goldmedaille oder das gelbe Trikot im Radrennen. Paulus vergleicht auch andernorts sein Leben als Christ mit einem sportlichen Wettstreit (vgl. 1 Kor 9,24-27). Natürlich geht es ihm dabei nicht darum, „besser abzuschneiden" als andere, sondern darum, dass seine Verkündigung und seine Mission Wirkung hat. Wo er auf Menschen trifft, bei denen die Botschaft ankommt und Wurzeln schlägt, die vom Evangelium verwandelt werden – da ist das seine größte Freude, und das lässt er diese Menschen auch spüren.

Christsein mit langem Atem

4

1. Thessalonicher 3,1-13

1. Wann haben Sie zuletzt jemanden so sehr vermisst, dass Sie die Tage (oder Minuten!) bis zur nächsten Begegnung mit diesem Menschen gezählt haben?

2. Stellen Sie sich vor: Sie warten auf Nachricht von jemandem, um den Sie sich Sorgen machen – und die Nachricht kommt und kommt nicht, und Sie können nichts weiter tun als warten. Wie verhalten Sie sich?

3. Gibt es einen Menschen, der für Ihren persönlichen Weg zum Glauben so wichtig ist, dass Sie sagen könnten: Ohne den oder die würde ich gar nicht hier in diesem Gesprächskreis sitzen?

EINSTIEG

(15–20 Minuten)
Wählen Sie bitte eine oder zwei Fragen aus.

BIBELTEXT

Der Auftrag des Timotheus

1 Als wir es schließlich nicht länger aushielten, entschlossen wir uns, allein
in Athen zu bleiben, 2 und unseren Bruder Timotheus zu euch zu schicken,
der als Mitarbeiter Gottes zusammen mit uns das Evangelium von Christus
verkündet. Wir gaben ihm den Auftrag, euch im Glauben zu stärken und zu
ermutigen, 3 damit keiner von euch durch die Verfolgungen, denen ihr ausge-
setzt seid, in seinem Vertrauen auf Gott erschüttert wird. Ihr wisst ja selbst,
dass solche Leiden zu unserem Leben als Gläubige gehören. 4 Im Übrigen
hatten wir euch, schon als wir bei euch waren, immer wieder darauf hinge-
wiesen, dass es zu Verfolgungen kommen wird, und was das bedeutet, wisst
ihr inzwischen aus eigener Erfahrung.
5 So kam es also, dass ich Timotheus zu euch geschickt habe. Ich konnte
die Ungewissheit nicht mehr ertragen und wollte erfahren, wie es mit euch
steht. Meine Sorge war, dem Versucher könnte es gelungen sein, euch vom
Glauben abzubringen, sodass unsere ganze Arbeit vergeblich gewesen wäre.

Der ermutigende Bericht des Timotheus. Dank und Fürbitte

6 Doch jetzt ist Timotheus mit einem so guten Bericht zu uns zurückgekehrt!
Er hat uns von eurem Glauben und eurer Liebe erzählt und dass ihr uns stets
in guter Erinnerung habt und euch genauso sehr wie wir nach einem Wieder-
sehen sehnt. 7 Diese Nachrichten über euch und euren Glauben, Geschwister,

haben uns in unseren eigenen Nöten und Schwierigkeiten neuen Mut gege-
ben. 8 Ja, wir leben richtig auf, seit wir erfahren haben, dass ihr treu zum
Herrn haltet. 9 Wir wissen gar nicht, wie wir unserem Gott für euch danken
sollen, so groß ist die Freude, die uns jedes Mal erfüllt, wenn wir im Gebet an
euch denken. 10 Tag und Nacht bitten wir ihn inständig um die Möglichkeit,
euch wieder zu sehen und euch in den Punkten weiterzuhelfen, wo es euch
in eurem Glauben noch an etwas fehlt. 11 Ja, wir bitten Gott, unseren Vater,
und Jesus, unseren Herrn, uns den Weg zu euch zu ebnen. 12 Und für euch
erbitten wir vom Herrn eine immer größere Liebe zueinander und zu allen
Menschen – eine Liebe, die so überströmend ist wie unsere Liebe zu euch.
13 Wir bitten ihn, euch auf diese Weise innerlich so stark zu machen, dass
nichts mehr an euch sein wird, was Tadel verdient, und ihr in Heiligkeit vor
Gott, unseren Vater, treten könnt, wenn Jesus, unser Herr, mit allen seinen
Heiligen wiederkommt. Amen.

BIBELGESPRÄCH

(30–40 Minuten)
Wählen Sie ggf. unter den Fragen aus.

1. Warum war es Paulus so wichtig, wieder von der Gemeinde in Thessalonich zu hören (V. 1.5)? Welche Sorgen muss er sich gemacht haben? Siehe hierzu auch die Erläuterungen.

2. Welche Aufgaben hatte Timotheus bei seinem Besuch (V. 2-3)? Warum hebt Paulus dabei Timotheus' Qualitäten so sehr hervor?

3. Bei aller Sorge, die Paulus um die Thessalonicher hat: Wie bewertet er ihre Schwierigkeiten grundsätzlich, wie ordnet er sie geistlich ein (V. 4)?

4. Welche guten Nachrichten bringt Timotheus nach seiner Rückkehr zu Paulus (V. 6)? Wie wirken sie sich auf Paulus aus (V. 7-9)?

5. Was tut Paulus als Nächstes – sich zufrieden zurücklehnen, weil in der Gemeinde ja alles gut zu laufen scheint (V. 10)?

6. Worum genau bittet Paulus in V. 11-13? Was soll bei den Thessalonichern weiter gestärkt werden, und woran wird man das merken?

7. Was wird aus dem Wortlaut von V. 11 über Paulus' Verständnis der Rolle von Jesus deutlich? Siehe hierzu auch die Erläuterungen.

1. Wer kann für Ihre Gemeinde / Sie selbst ein Timotheus sein? Für wen können Sie ein Timotheus sein?

2. Warum ist es sinnvoll, wenn hin und wieder jemand von außen hinzukommt und ermutigt oder herausfordert?

3. Timotheus sollte die junge Gemeinde auch kritisieren und an die Grundlagen ihres Glaubens erinnern. Was für Eigenschaften braucht ein Mensch, um das zu „dürfen"?

4. Kennen Sie Menschen, die genauso herzlich wie Paulus mit anderen Christen verbunden sind und geradezu „mitfiebern", wie es diesen anderen geistlich geht?

5. Kennen Sie Menschen, die wie die Thessalonicher auch erst vor Kurzem zum Glauben gekommen sind? Was zeichnet sie aus?

AUSTAUSCH

(15–30 Minuten) Wählen Sie ggf. unter den Fragen aus. Sie können das Gespräch mit einem gemeinsamen Gebet abschließen.

ERLÄUTERUNGEN

Kap. 3 des 1. Thessalonicherbriefes lässt uns direkt **in Paulus' Herz blicken**: Ungewollt getrennt von seiner neu gegründeten Gemeinde, daraufhin sogar Verdächtigungen ausgesetzt, ist er weiter auf Missionsreise in der Region. Und wartet sehnlich auf Nachricht aus Thessalonich, die dann endlich eintrifft und ihn in Hochstimmung versetzt. Dabei erfahren wir nicht nur etwas über seine persönliche Motivation und Leidenschaft, sondern auch darüber, was er in der Begleitung einer jungen Gemeinde vorrangig findet.

V. 1. *„Als wir es schließlich nicht länger aushielten"* – ein Satz wie ein Seufzer. Denn was war seit Paulus' Flucht geschehen? Verfolgen wir die weitere Entwicklung Schritt für Schritt (zum Folgenden siehe Weima, *Thessalonians*, zu Kap. 3):

- Paulus lässt Silas und Timotheus in Beröa zurück und kommt nach Athen (vgl. Apg 17,15-34).
- Die beiden kehren bald wieder zu Paulus zurück, allerdings leider noch ohne Nachricht aus Thessalonich.
- Paulus schickt Timotheus nach Thessalonich (1 Thess 3,2) und Silas nach Mazedonien (Apg 18,5).
- Beide kehren erneut zu Paulus zurück, der inzwischen in Korinth ist (Apg 18,1-17).
- Diesmal bringt Timotheus hervorragende Nachrichten aus Thessalonich (1 Thess 3,6).

Bis zu diesem Zeitpunkt **wusste Paulus also schlicht nicht**, wie es der Gemeinde in Thessalonich ergangen war. Hatte sie dem Druck standgehalten? Hatten Teile der Gemeinde den Verdächtigungen gegen Paulus Glauben geschenkt? Wie sehr Paulus unter seinem Nicht-Wissen gelitten haben muss, wird hier deutlich. Zumal seine Situation auch unterwegs nicht einfach war, in Athen z. B. machte ihm das religiöse Klima mit seinen vielen Götterstatuen zu schaffen (Apg 17,16).

V. 2.5. Paulus betont, **wie hoch qualifiziert Timotheus als Besucher der Gemeinde ist** – „Mitarbeiter Gottes" nennt er ihn sogar, nicht einfach „mein Mitarbeiter". Vielleicht will er damit deutlich machen, dass Timotheus mehr ist als eine Vertretung. Timotheus' Auftrag hatte drei Teile: herausfinden, wie es der Gemeinde geht (V. 5), und die Thessalonicher ermutigen und anleiten (V. 2-4).

V. 3-4. Solches **Feedback von außen** kann eine junge Gemeinde unter Druck nämlich brauchen, damit sie nicht „im Vertrauen auf Gott erschüttert wird". Das griechische Verb für „erschüttern" (V. 3) wird sonst auch für das Wedeln eines Hundeschwanzes verwendet (vgl. Stott, *Thessalonians*, 65). Anders gesagt, die Gemeinde soll nicht hin und her schwanken zwischen Vertrauen und Nicht-Vertrauen. Dazu braucht es jemanden, der sie nicht nur ganz allgemein ermutigt, sondern sie auch daran erinnert: Verfolgung ist schmerzhaft, aber kann zum Glauben dazugehören (V. 4). Das hat schon Jesus selbst seinen Jüngern in Aussicht gestellt, und auch Paulus hat diese Möglichkeit nicht verschwiegen. Sosehr die Gemeinde und auch Paulus selbst also unter der Situation leidet – sie können jedenfalls nicht behaupten, mit falschen Versprechungen für den Glauben geködert worden zu sein. Die „AGBs“ bzw. das „Kleingedruckte“ waren von Anfang an klar.

V. 6-9. Timotheus ist mit „einem guten Bericht“ zurückgekehrt, anders übersetzt **„mit guten Nachrichten“**. Im Griechischen steht hier das Verb *euangelizzo*, also „evangelisieren“; das sonst im NT ausschließlich für die Verkündigung des Evangeliums von Jesus verwendet wird (vgl. Stott, *Thessalonians*, 66). So gut sind also die Nachrichten, die Timotheus bringt – man hört förmlich, wie Paulus aufatmet. Denn es ist alles noch besser, als er sich erhofft hatte: Die Thessalonicher stehen weiter im Glauben, unter ihnen ist Liebe spürbar – und sie haben auch Paulus in guter Erinnerung, haben also keine Zweifel an seiner Aufrichtigkeit.

Das **tröstet Paulus** ungemein, es lässt ihn geradezu „aufleben“ (V. 8). So kann er kaum an sich halten: *„Wir wissen gar nicht, wie wir unserem Gott für euch danken sollen ...“* (V. 9). Denn wie die Thessalonicher wird ja auch er ständig von außen unter Druck gesetzt. Seine Mission ist aber niemals eine Einbahnstraße; die neuen Christen werden schnell selbst zu Ermutigern der erfahreneren Mitarbeiter.

V. 10a. Paulus könnte sich nun zurücklehnen und sich weiter an den Früchten seiner missionarischen Arbeit freuen. Aber er nutzt das Gebet nicht nur zum Dank an Gott, sondern **betet gleich weiter**, und zwar *„Tag und Nacht“*. Nebenbei bemerkt: Kurz zuvor hat Paulus noch betont, dass er „Tag und Nacht“ auch für den eigenen Unterhalt arbeitet (2,9). Beides, Beten und Arbeiten, geschehen bei ihm also anscheinend gleichzeitig, beides schließt sich nicht aus.

V. 10a-13. Paulus' Gebet für die Thessalonicher hat mehrere Teile:

- Er möchte der Gemeinde wieder persönlich begegnen (V. 10b.11).
- Er möchte ihr im Glauben weiterhelfen, da wo es ihnen *„noch an etwas fehlt“* (V. 10b). Ihr Glaube ist noch nicht „fertig“, sondern kann sicher Vertiefung und genauere Erklärungen brauchen.
- Er bittet, dass die Liebe der Thessalonicher (s. o. V. 6) noch weiterwächst, ja „überströmend“ wird – und zwar ausdrücklich *„zueinander und zu allen Menschen“* (V. 12). Solche Liebe soll laut Jesus das Erkennungszeichen von Christen sein (Joh 13,35), und so spielt sie auch in allen Briefen von Paulus eine zentrale Rolle.
- Er bittet für die Thessalonicher um innere Stärke (V. 13), damit sie immer mehr und in allen Bereichen ihres Lebens Gottes Heiligkeit widerspiegeln.

Ein **ehrgeiziges Bild** vom Leben als Christ, könnte man sagen. Aber aufpassen: Paulus formuliert all dies hier eben nicht als Aufforderung an die Thessalonicher, sondern als **Bitte an Gott**. Gott ist der, der all dies immer mehr in Christen bewirken soll und kann. Dabei kann es natürlich nicht schaden, wenn man sich ihm ganz und mit Leidenschaft zur Verfügung stellt. Aber die „innere Stärke“, von der Paulus schreibt und die Menschen tatsächlich verändert, kommt allein von Gott.

Genauer gesagt: Diese Stärke kommt von **dem Gott, der in Jesus Mensch geworden ist**. Denn Paulus bittet ausdrücklich *„Gott, unseren Vater, und Jesus, unseren Herrn“* (V. 11) und versteht beide als gemeinsam Handelnde. Das zugehörige Verb steht nämlich in der Einzahl. Wenn Paulus an Gott den Vater und an Jesus denkt, denkt er also an eine Einheit: Wo Jesus handelt, handelt Gott (vgl. Stott, *Thessalonians*, 67). Das ist deswegen wichtig, weil kritischere Ausleger des NT oft davon ausgegangen sind, dass das Bekenntnis zu Jesus als Gottes Sohn, „wahrer Gott und wahrer Mensch“, sich erst später entwickelt habe. Der 1. Thessalonicherbrief ist aber einer der ältesten Texte des NT und noch ganz nah dran an der Zeit von Jesus. Umso wichtiger, wie deutlich Paulus hier Jesus als göttlich beschreibt.

Christsein konsequent

5

1. Thessalonicher 4,1-12

1. „Ich kann allem widerstehen – außer der Versuchung“ (Oscar Wilde). Was denken Sie über diesen Satz? Wann ist er witzig, wann nicht so sehr?

2. Kennen Sie Menschen, die Sie durch ihr konsequentes Verhalten beeindrucken – gerade ohne viel darüber zu sprechen?

3. Wann haben Sie sich zuletzt so richtig befreit gefühlt? Was genau hat das Gefühl ausgelöst?

EINSTIEG

(15–20 Minuten)
Wählen Sie bitte eine oder zwei Fragen aus.

Das richtige Verhalten im sexuellen Bereich ...

BIBELTEXT

1 Jetzt noch etwas anderes, Geschwister. Wir haben euch gelehrt, wie ihr leben sollt, um Gott zu gefallen, und ihr handelt auch danach. Doch nun bitten wir euch im Namen des Herrn Jesus mit allem Nachdruck: Macht darin auch weiterhin Fortschritte!

2 Ihr kennt ja die Anweisungen, die wir euch im Auftrag des Herrn Jesus gegeben haben. 3 Gott will, dass ihr ein geheiligtes Leben führt. Dazu gehört, dass ihr euch von aller sexuellen Sünde fern haltet. 4 Jeder von euch muss lernen, Herr über seine Triebe zu sein, denn euer Leben gehört Gott, und die Menschen sollen Achtung vor euch haben. 5 Lasst euch nicht von Begierden und Leidenschaften beherrschen wie die Menschen, die Gott nicht kennen. 6 Keiner darf in diesen Dingen die von Gott gesetzten Grenzen überschreiten und seinen Bruder betrügen. Denn für alle solche Vergehen wird der Herr die Schuldigen zur Rechenschaft ziehen. Im Übrigen wiederholen wir mit dieser Warnung nur, was wir euch schon früher gesagt haben. 7 Gott hat uns dazu berufen, ein geheiligtes Leben zu führen und nicht ein Leben, das von Sünde beschmutzt ist. 8 Wer diese Anweisungen missachtet, missachtet daher nicht einen Menschen, sondern den, der euch seinen Heiligen Geist schenkt – Gott selbst.

... und im Umgang miteinander

9 Dass euer Verhalten untereinander von Liebe bestimmt sein soll, brauchen wir euch nicht zu schreiben. Gott selbst hat euch gelehrt, einander zu lieben, 10 und das befolgt ihr ja auch gegenüber allen Geschwistern in ganz Mazedonien. Trotzdem möchten wir euch eindringlich bitten, Geschwister: Lasst

eure Liebe zueinander noch stärker werden! 11 Und setzt es euch zum Ziel, ein
geordnetes Leben zu führen, euch um eure eigenen Angelegenheiten zu küm-
mern und selbst für euren Lebensunterhalt zu sorgen. Wenn ihr das tut – und
wir haben euch ja schon früher dazu aufgefordert –, 12 werden euch die, die
nicht zur Gemeinde gehören, achten, und ihr werdet niemand zur Last fallen.

BIBELGESPRÄCH

(30–40 Minuten) Wählen Sie ggf. unter den Fragen aus.

1. Was macht den Lebensstil aus, zu dem Paulus die Thessalonicher aufruft (V. 1)? Was ist das Ziel dieses Lebensstils?

2. Paulus wiederholt hier frühere Anweisungen (V. 2): Warum sind die Mahnungen in Sachen Sexualität gerade für die Thessalonicher so wichtig? Siehe hierzu auch die Erläuterungen.

3. Was wissen Sie über die Bedeutung von „heilig“ im Alten Testament? Wie passt dazu die Mahnung, sich von Sünde „fern zu halten“ (V. 3)?

4. In V. 4 weichen mehrere Bibelübersetzungen voneinander ab, mehr dazu in den Erläuterungen. Was spricht für die Variante der *Neuen Genfer Übersetzung*, und wieso passen die anderen Übersetzungen inhaltlich trotzdem?

5. Was für Grenzüberschreitungen meint Paulus hier, und warum steckt in ihnen ein „Betrug“ (V. 6) an den Geschwistern im Glauben?

6. Warum bittet Paulus so eindringlich darum, ein geordnetes Leben zu führen? Was für eine Gruppe hatte er dabei anscheinend im Blick? Siehe hierzu die Erläuterungen.

7. Wie hängen das „geordnete Leben“ und die Liebe zu den Geschwistern im Glauben zusammen?

1. Wie erklärt sich aus dem Kontext (Thessalonich, griechisch-römische Antike) die Dringlichkeit, mit der Paulus über den Gott gemäßen Umgang mit Sexualität spricht?

2. Wo brauchen wir die gleiche Dringlichkeit auch heute (wieder)? Wie sieht denn ein guter und hilfreicher Umgang einer Gemeinde mit dem Thema Sexualität aus?

3. Haben Sie das auch schon festgestellt: dass gerade das „ganz andere" am Lebensstil von Christen für manche Menschen erst einmal abwegig ist, – sie dann aber doch anzieht und neugierig macht?

4. Wie können sich Christen gegenseitig helfen, im Bereich Sexualität und Beziehungen konsequent zu sein und zu bleiben? Was können wir tun, um das Vertrauen herzustellen und zu schützen, das es dazu braucht?

5. Welche Art von „ungeordnetem Leben" meint Paulus hier? Wie unterscheidet sich die kritisierte Gruppe in Thessalonich von Menschen heute, die z. B. völlig unverschuldet ohne Arbeit sind oder denen der Alltag über den Kopf wächst?

AUSTAUSCH

(15–30 Minuten) Wählen Sie ggf. unter den Fragen aus. Sie können das Gespräch mit einem gemeinsamen Gebet abschließen.

ERLÄUTERUNGEN

Paulus ist ganz wörtlich heilfroh darüber, wie es der Gemeinde in Thessalonich geht: Es gibt sie noch, sie wächst und ist für ihren Glauben sogar weithin bekannt. Davon hat ihm Timotheus berichtet (Kap. 3), und darüber ist Paulus geradezu begeistert. Das hindert ihn aber nicht, im nächsten Kapitel gleich **dringende Ermahnungen auszusprechen**: ‚Bleibt dran', sagt er gewissermaßen, ‚lebt immer mehr und in jedem Bereich eures Lebens nach Gottes Maßstäben!' Dabei bezieht er sich offenkundig auf Dinge, die er schon früher und bei seinem eigenen Besuch in Thessalonich deutlich gemacht hat. Zur Einführung in den Glauben an Jesus gehörten für ihn früh auch schon klare Anweisungen zum Verhalten als Christ. Christen sind durch Gnade gerecht und können für ihr Heil nichts „bezahlen", das ist in allen Briefen von Paulus seine Kernüberzeugung – aber das Leben von Christen soll erkennbar eine **Antwort** auf die Gnade Gottes sein und seine Heiligkeit widerspiegeln.

Das ist für Paulus nicht nur allgemein und theoretisch so, sondern speziell für Thessalonich verfolgt er hier besondere Anliegen: Ein eindeutiger und ganzheitlicher Lebensstil nach Gottes Maßstäben zeigt sich auch im **Umgang mit der Sexualität**. Dass Paulus dies in 1 Thess gleich so sehr betont, liegt nicht etwa daran, dass Sexualität für ihn das wichtigste Thema christlicher Ethik wäre. Stattdessen liegt es am Kontext, an der **Welt, in der die Empfänger seines Briefes lebten**. Thessalonich war eben eine typische Hafenstadt im Römischen Reich, mit **sehr lockeren Moralvorstellungen**: So gab es im Tempel von Thessalonich auch eine Statue des griechischen Gottes Dionysos, und der Kult dieses Gottes war zumeist stark sexuell aufgeladen und ging mit großer sexueller Freizügigkeit einher (vgl. Weima, *Thessalonians*, zu Kap. 4).

Auch sonst war der griechisch-römischen Antike die Idee, *ein* Mann könne *einer* Frau tatsächlich treu sein, eher fremd. So schrieb der Redner Demosthenes wie selbstverständlich: „Mätressen haben wir für das Vergnügen, Konkubinen für unser tägliches körperliches Wohlergehen, und Ehefrauen, um unsere legitimen Kinder zu gebären und als vertrauenswürdige Wächter über unseren Haushalt zu dienen" (zitiert nach Weima, *Thessalonians*, zu Kap. 4, Übersetzung M. C.). In *diese* Welt hinein also schreibt Paulus seine Briefe und dringt umso mehr darauf: Lebt anders! Unterscheidet euch, und zeigt auch dadurch, zu welchem Gott ihr gehört.

V. 1-2. „*Wir haben euch gelehrt*" – Paulus sagt also **nichts Neues**, er bringt nicht etwa das Kleingedruckte im christlichen Leben, das er zuvor verschwiegen hätte (s. o.). „*... wie ihr leben sollt, um Gott zu gefallen*" – *das* also ist die Motivation für ein Leben nach Gottes Maßstäben – nicht: ein System von Regeln um seiner selbst willen erfüllen; schon gar nicht: durch das eigene Verhalten „beweisen", dass man Gottes Liebe wert ist, sondern stattdessen: „*ihm gefallen*". **Gott gefallen** ist das, was Paulus sich für sich selbst und auch für die Thessalonicher wünscht. Das motiviert dranzubleiben und gibt auch einen Hinweis auf das Wie: Wer Gott gefallen will, wird an seinen Anweisungen keine Abstriche machen – aber er wird sich eben nie darauf beschränken, nur äußerlich „regelkonform" zu leben. Das Wichtigste ist das Herz, das für Gott schlägt, und deswegen die Mitmenschen im Blick hat.

V. 3. Das Ziel: „*das geheiligte Leben*" – also ein Leben, das Gottes Heiligkeit widerspiegelt. Für das Alte Testament bedeutet heilig unter anderem „abgesondert", und dazu passt auch, worum es Paulus hier geht: Um einen Lebensstil, der sich von der umgebenden Kultur gerade **auf heilsame Weise unterscheidet.** Dazu gehört auch, so Paulus, „*dass ihr euch von aller sexuellen Sünde fern haltet*". Im Griechischen steht hier das Wort ***porneia***, das in älteren Übersetzungen meist mit Unzucht wiedergegeben wird. Es ist ein Sammelbegriff für alle Formen praktizierter Sexualität außerhalb der Ehe zwischen Mann und Frau.

In **V. 4 unterscheiden sich die gängigen Übersetzungen** deutlich. In früheren Luther-Übersetzungen (z. B. 1984) heißt es „ein jeder (soll) seine eigene Frau zu gewinnen suchen". Hier in der *Neuen Genfer Übersetzung* wie auch in anderen neueren Übersetzungen geht es um die Beherrschung der eigenen „Triebe". Die Erklärung: Im Griechischen steht hier das Wort *skeuos*, wörtlich „Gefäß". In einigen antiken Texten taucht es auch als Bezeichnung der Frau auf, in manchen Fällen auch abwertend. Letzteres ist bei Paulus sicher nicht gemeint. Wahrscheinlicher ist sowieso, dass Paulus mit *skeuos* hier den *eigenen* Körper meint. So versteht es auch die *Neue Genfer Übersetzung*. Demnach geht es Paulus zunächst allgemein um die **Selbstbeherrschung** der Thessalonicher. Er ruft sie dazu auf, sich von ihrem sexuellen Verlangen nicht im Verhalten *kontrollieren* zu lassen. Auch hierin sollen sie sich von ihrer heidnischen Umwelt wohltuend unterscheiden (**V. 5**). Sexuelle Bedürfnisse sind natürlich nicht an sich „schlecht", sondern es kommt darauf an, wie man mit ihnen umgeht. Sie sind Teil von Gottes guter Schöpfung und brauchen gerade daher den Schutzraum der Ehe.

V. 6 ergänzt, dass **das Überschreiten von Grenzen auch ein Betrug** an den Geschwistern im Glauben ist. In anderen Übersetzungen wirkt es teils so, als wechsle Paulus hier das Thema und spreche allgemein über betrügerisches Verhalten etwa im Geschäftsleben. Die *Neue Genfer Übersetzung* macht aber zu Recht deutlich, dass es weiter um den Umgang mit Sexualität geht („*in diesen Dingen*"). Wie Menschen mit ihrem Körper und ihren sexuellen Sehnsüchten umgehen, ist nie „nur äußerlich" und betrifft auch nicht nur sie selbst, sondern immer auch die Menschen, mit denen sie verbunden sind.

V. 7-8 erinnert daran, worum es Paulus grundsätzlich geht: um „*ein geheiligtes Leben*", also darum, **Gottes Heiligkeit widerzuspiegeln** (s. o. V. 3). Darin steckt auch eine enorme Würdigung jedes Christen: Im Großen wie im Kleinen, ob es anderen Menschen auffällt oder nur Gott etwas „davon bemerkt" – Eindeutigkeit und Aufrichtigkeit im Lebensstil können in ihren besten Momenten ein Spiegelbild von Gottes Charakter sein.

Die **Kehrseite** stimmt allerdings genauso: Wer sich darum gar nicht kümmert, wer etwa Bereiche seines Lebens völlig von seinem Christsein ausspart und sagt: ‚Da lasse ich mir auch von Gott nicht reinreden', – der drückt damit eben auch **Missachtung Gottes** aus. Damit sind natürlich *nicht* Menschen gemeint, die im Bemühen um Konsequenz immer wieder scheitern und neu anfangen müssen. Das geht diesseits der Ewigkeit letztlich allen Menschen so. Sondern Paulus geht es um eine *bewusste* „Egal-Haltung", für ihn eine „Verachtung" von Mitmenschen und Gott, vor der er die Thessalonicher warnen möchte.

Ab **V. 9** spricht Paulus nun grundsätzlicher über das **Verhalten unter Christen**, wörtlich übersetzt über „die brüderliche Liebe" (griechisch *philadelphia*). Im Griechischen sind dabei die weiblichen Gemeindeglieder mitgemeint, deswegen können wir auch **„geschwisterliche Liebe"** lesen. Seine Geschwister sucht man sich ja bekanntlich nicht aus, aber sie bleiben Geschwister, egal was passiert. Schon für Jesus soll die Liebe der Christen untereinander ihr Erkennungszeichen sein, und schon im Alten Testament steht das Gebot der Nächstenliebe im Zentrum (3 Mo 19,18).

V. 10-12. Paulus kann hier ehrlicherweise mit einem großen Lob beginnen: ‚Ihr übt ja schon Nächstenliebe, an den Christen in eurer Region und darüber hinaus.' Wahrscheinlich meint er die Gastfreundschaft und auch sonstige praktische Unterstützung der jungen Gemeinden untereinander. Trotzdem ermahnt er sie, noch konsequenter zu werden.

Dabei hat er eine **bestimmte Gruppe** in der Gemeinde im Blick, die sich anscheinend weigerte, für ihren Lebensunterhalt selbst zu sorgen, und die sich stattdessen von anderen mitversorgen ließ. Als Begründung führten diese Menschen an, die Rückkehr von Jesus stünde sowieso unmittelbar bevor, also lohne es sich nicht zu arbeiten (vgl. Stott, *Thessalonians*, 87-90, auch für das Folgende). In Kap. 5,14 werden sie als *ataktoi* bezeichnet, „die ein ungeordnetes Leben führen", oder nach der Luther-Übersetzung: **„die Nachlässigen"**.

Diese Menschen waren also nicht einfach „träge", sondern im Gegenteil durchaus aktiv, ständig aufgewühlt in Erwartung des Weltendes. Deswegen ermahnt Paulus sie auch schon hier in Kap. 4, „ein geordnetes Leben" zu führen, oder nach der Luther-Übersetzung: „ein stilles Leben". Still nicht im Sinne von: möglichst nicht auffallen, ständig mit gesenktem Kopf. Dafür wäre Paulus selbst ja gerade kein Vorbild! Sondern Paulus geht es darum, dass **Christen für das Richtige auffallen**: Mit ihrer Botschaft werden sie anecken, das ist nicht vermeidbar. Aber jedenfalls mit ihrem Lebensstil und ihrer Redlichkeit im Berufsleben sollen sie keinen Anlass zur Kritik geben (V. 12).

Selbstverständlich also geht es Paulus hier *nicht* um Menschen, die unverschuldet ohne Arbeit sind und unter diesem Zustand womöglich leiden, oder die sich auch bewusst dafür entscheiden, nicht erwerbstätig zu sein, um sich besser um die Familie zu kümmern oder ehrenamtlich zu engagieren. Hier sollten sich Christen gerade frei machen von der Vorstellung, *nur* Arbeit gegen Bezahlung sei „richtige" Arbeit. Ein Leben nach Gottes Maßstäben ist niemals davon abhängig, wie gut man verdient oder ob man überhaupt Geld verdient. Das macht Paulus selbst an anderer Stelle ganz deutlich (Phil 4,11-13).

Diese Anregungen möchte ich mir merken:

6

Der Trost des Glaubens

1. Thessalonicher 4,13-18

EINSTIEG

(15–20 Minuten) Wählen Sie bitte eine oder zwei Fragen aus.

1. Auf einer Skala von 1-10: Sind Sie von Natur aus eher pessimistisch (1) oder zuversichtlich (10)?

2. Redet man in Ihrem christlichen Freundeskreis über das Leben nach dem Tod? Oder kommt das Thema eigentlich kaum vor?

3. Mit welcher Persönlichkeit aus der Geschichte der Christenheit würden Sie gern einmal einen Kaffee trinken?

BIBELTEXT

Was wird mit den Christen, die vor Jesu Wiederkunft sterben?

13 Kommen wir nun zur Frage nach den Gläubigen, die schon gestorben sind.
Es liegt uns sehr daran, Geschwister, dass ihr wisst, was mit ihnen geschehen
wird, damit ihr nicht um sie trauert wie die Menschen, die keine Hoffnung
haben.

14 Nun, wir glauben doch, dass Jesus für uns gestorben und dass er auf-
erstanden ist. Dann wird Gott aber auch dafür sorgen, dass die, die im Ver-
trauen auf Jesus gestorben sind, mit dabei sein werden, wenn Jesus in seiner
Herrlichkeit kommt.

15 Außerdem können wir euch unter Berufung auf ein Wort des Herrn ver-
sichern, dass sie uns gegenüber, soweit wir bei der Wiederkunft des Herrn
noch am Leben sind, in keiner Weise benachteiligt sein werden. 16 Der Herr
selbst wird vom Himmel herabkommen, ein lauter Befehl wird ertönen, und
auch die Stimme eines Engelfürsten und der Schall der Posaune Gottes wer-
den zu hören sein. Daraufhin werden zuerst die Menschen auferstehen, die
im Glauben an Christus gestorben sind. 17 Danach werden wir – die Gläubi-
gen, die zu diesem Zeitpunkt noch am Leben sind – mit ihnen zusammen in
den Wolken emporgehoben, dem Herrn entgegen, und dann werden wir alle
für immer bei ihm sein.

18 Tröstet euch gegenseitig mit dieser Gewissheit!

BIBELGESPRÄCH

(30–40 Minuten) Wählen Sie ggf. unter den Fragen aus.

1. Warum muss Paulus die Thessalonicher trösten (V. 13.14.18)? Worüber genau waren sie im Unklaren?
2. Paulus geht es keinesfalls darum, dass Christen überhaupt nicht trauern sollten (siehe hierzu auch die Erläuterungen). Sondern *wenn* sie trauern, dann sind sie dennoch nicht „ohne Hoffnung“. Was ist damit gemeint?
3. Auf welches Wort von Jesus beruft sich Paulus hier (V. 15), auf einen einzelnen Satz oder Inhalte seiner Lehre insgesamt? Siehe hierzu die Erläuterungen.
4. Wie beschreibt Paulus die Rückkehr von Jesus (V. 16-17)? Wie kann Paulus dabei die Sorgen der Thessalonicher ausräumen?
5. Wird sich die Rückkehr von Jesus allmählich ankündigen, oder passiert sie plötzlich und unerwartet (V. 16)? Siehe hierzu auch bereits Kap. 5,1-2.
6. In manchen Kreisen ist die Vorstellung einer „Entrückung“ von Christen noch vor Eintreten des Endes der Welt populär. Sagt der Text etwas darüber aus? Welche Missverständnisse muss man hier korrigieren? Siehe hierzu die Erläuterungen.

AUSTAUSCH

(15–30 Minuten) Wählen Sie ggf. unter den Fragen aus. Sie können das Gespräch mit einem gemeinsamen Gebet abschließen.

1. Reden Christen wirklich auch darüber, was ihre Hoffnung über den Tod hinaus ist – nicht nur in Predigten, sondern auch im Alltag? Wie erleben Sie das?
2. Wie kann sich die Trauer von Christen von einer Trauer „ohne Hoffnung“ unterscheiden? Woran könnte man den Unterschied merken?
3. Wie hängen in unserem Text theologische Klärung und persönlicher Trost zusammen? Wann hat Sie zuletzt jemand so getröstet?
4. Am Ende werden wir mit Jesus zusammen sein – und mit den Menschen, die schon vor uns im Glauben gestorben sind. Auf welche Begegnung freuen Sie sich besonders?

Auf die Zurechtweisung folgt die Ermutigung. Eben noch hat Paulus die „Unordentlichen" ermahnt, nicht auf Kosten anderer zu leben und aus der Erwartung von Jesus nicht den irrigen Schluss zu ziehen, sie müssten nun nicht mehr zur Arbeit gehen. Jetzt **tröstet er die Trauernden** – die aus dem Warten auf Jesus ebenfalls falsche Schlüsse ziehen. Sie fragen sich nämlich: Was ist mit den Glaubenden, die bereits verstorben sind? Werden sie die Rückkehr von Jesus etwa verpassen? Paulus versichert ihnen, dass auch diese Menschen bei Gott aufgehoben sind und am Ende mit dabei sein werden.

Paulus **praktiziert also im Brief selbst**, wozu er am Ende die Thessalonicher zusammenfassend aufrufen wird (Kap. 5,14): Ermahnung, Trost, Unterstützung und Geduld – ganz wie unterschiedliche Gruppen in der Gemeinde es nötig haben (vgl. Stott, *Thessalonians*, 92).

In unserem Text steckt dabei eine **doppelte Klarstellung** – eine für die Thessalonicher damals sowie eine für heute, nämlich zu den eher aktuellen Spekulationen um die **sog. „Entrückung"**. Gemeint ist die Vorstellung, das Ende der Welt vollziehe sich in mehreren Phasen, und eine davon sei eben die sog. Entrückung. Dabei würden Christen plötzlich aus ihrem Alltag enthoben und in den Himmel versetzt – während das Leben der anderen Menschen auf der Erde erst einmal weiterliefe. Von 1 Thess 4 her ist dies aber **gänzlich abwegig:** Denn natürlich beschreibt Paulus, wie bei der Rückkehr von Jesus die Glaubenden mit ihren bereits verstorbenen Geschwistern im Glauben vereint werden, ihnen sozusagen entgegenkommen („emporgehoben", V. 17). Nichts deutet aber darauf an, dass das Leben auf der Erde dabei weiterginge, nur jetzt in Abwesenheit der Christen. Sondern was Paulus hier beschreibt, wird ja gerade am **Ende der Geschichte** passieren, in dem Augenblick, in dem Gott in Jesus einen neuen Himmel und eine neue Erde schafft (vgl. Offb 21,5). Auch in V. 16 deutet alles auf einen plötzlichen und endgültigen Vorgang hin (s. u.).

V. 13. Das war also der Grund für die Sorge der Thessalonicher: Sie rechneten jederzeit damit, dass Jesus wiederkommen würde. Viele von ihnen hatten aus dieser **„Stets-Erwartung"** wohl auch eine **„Nah-Erwartung"** gefolgert und waren wie selbstverständlich davon ausgegangen, dass Jesus zu ihren Lebzeiten wiederkommen würde. Das war in der ersten Generation der Christen verbreitet. Es ist auch verständlich angesichts dessen, was diese Menschen noch vor Kurzem mit Jesus selbst erlebt hatten bzw. was ihnen die Augenzeugen der ersten Generation berichten konnten. Allerdings bekennt sogar Jesus, dass den genauen Zeitpunkt seiner Rückkehr nur der Vater kennt (Mt 24,36).

Die Thessalonicher fragen sich also nun: Wenn einige unserer Geschwister im Glauben bereits vor der Rückkehr von Jesus gestorben sind – was wird dann aus ihnen? Paulus klärt sie auf, und für ihn steckt in der **Klarstellung immer auch Trost.** Christen, so Paulus, sollen in solchen Fragen Bescheid wissen, nicht nur spekulieren. Dann wird sich auch ihre Trauer unterscheiden von der Trauer von Menschen, *„die keine Hoffnung haben"*. Paulus **kritisiert also nicht etwa die Trauer an sich** – die ist normal und menschlich, wenn ein geliebter Mensch stirbt. Auch von Jesus wird berichtet, dass er am Grab seines toten Freundes Lazarus weint (Joh 11,35), bevor er ihn dann vom Tod auferweckt. Trauer ist also angemessen. Dennoch, so Paulus, gibt es einen Unterschied: Wer keine Hoffnung über den Tod hinaus hat, für den ist auch der Abschied von verstorbenen Menschen immer endgültig.

Zwar gab es unter griechischen Philosophen dieser Zeit auch das Spekulieren über ein Weiterleben der Seele nach dem Tod (vgl. Weima, *Thessalonians*, zu Kap. 4,13-18, auch für das Folgende). Die meisten Menschen **in dieser Zeit** aber sahen den **Tod als das absolute Ende** an: „Ein Mensch hofft, solange er lebt, erst die Toten hoffen nicht mehr", so der Dichter Theokrit. Wer dagegen glauben darf, in der Ewigkeit bei Gott zu sein, weil Jesus den Tod besiegt hat – für den muss auch Trauer nicht endgültig sein.

V. 14-15. So begründet auch Paulus seinen nächsten Gedanken: Gott hat doch auch Jesus von den Toten auferweckt. Dann kann er auch bereits verstorbene Christen vom Tod erwecken, wenn Jesus wiederkommt.

Paulus beruft sich dabei auf ***„ein Wort des Herrn“***. Ein ausdrückliches Jesus-Wort, das den nächsten Sätzen genau entsprechen würde, findet sich aber nicht in den Evangelien. Manche Ausleger vermuten daher, Paulus beziehe sich auf ein Wort, das Jesus zusätzlich gesagt habe, aber das nicht in den Evangelien aufgezeichnet sei. Immerhin hatte Paulus mehrere der ursprünglichen Jünger von Jesus kennengelernt, die ihm davon hätten berichten können. Andere Ausleger überlegen, ob Paulus hier eine prophetische Eingebung meint oder etwas, was er selbst direkt von Jesus empfangen hat. Denkbar ist aber auch, dass Paulus hier nicht einen einzelnen Satz meint, sondern Inhalte der Lehre von Jesus zusammenfasst (vgl. Weima, *Thessalonians*, zu Kap. 4,15). So oder so macht er deutlich: Was jetzt kommt, habe ich, Paulus, mir nicht selbst ausgedacht, sondern es stammt von Jesus selbst und kann euch trösten.

V. 16-17 beschreibt, wie man sich die Wiederkunft von Jesus vorzustellen hat: Jesus kommt vom Himmel herab, und es ertönen ein *„Befehl“*, eine *„Stimme“* und eine *„Posaune“*. Hier ist sicher nicht ein allmählicher Ablauf gemeint, sondern die Pointe ist gerade: Das passiert alles plötzlich, **unerwartet** (s. u. 5,1-2) und **unmissverständlich**, deutlich sichtbar und hörbar für die ganze Welt. Genauso hat Jesus seine Rückkehr auch selbst angekündigt (Mk 14,62). Und Teil dieses Vorgangs, so Paulus, wird sein, dass die im Glauben Verstorbenen auferstehen und dass die lebenden Glaubenden ihnen entgegenkommen. Die Rückkehr von Jesus bringt also die Rettung der Welt und ein **doppeltes Wiedersehen** – mit Jesus selbst und mit den Christen, die früher gelebt haben. Sich auf dieses zweifache Wiedersehen zu freuen und auch zu überlegen, mit wem man denn als Erstes sprechen möchte ..., ist also nicht etwa unzulässige Spekulation, sondern von diesen Versen gedeckt.

V. 18. Das also ist der **Trost des Glaubens**, hineingesprochen in die Trauer der ersten Christen um gerade erst verstorbene Mitchristen, begründet in der Auferstehung von Jesus und der Hoffnung auf das ewige Leben. Diesen Trost sollen und dürfen Christen auch einander zusprechen.

Diese Anregungen möchte ich mir merken:

7 Die Hoffnung des Glaubens

1. Thessalonicher 5,1-11

EINSTIEG
(15–20 Minuten)
Wählen Sie bitte eine oder zwei Fragen aus.

1. Welches wichtige Ereignis in den letzten Jahren kam für Sie völlig überraschend?

2. Wie vertreiben Sie sich die Zeit, wenn Sie auf einen lieben Menschen warten und nicht wissen, wann genau er eintreffen wird?

3. Wenn Sie auf eine lange und anstrengende Wanderung gehen – welcher Ausrüstungsgegenstand darf auf keinen Fall fehlen?

BIBELTEXT

Bereit sein für den Tag, an dem Jesus wiederkommt

1 Zur Frage nach dem Zeitpunkt und den näheren Umständen dieser Ereignisse braucht man euch nichts zu schreiben, Geschwister. 2 Ihr selbst wisst ganz genau, dass jener große Tag, der Tag des Herrn, so unerwartet kommen wird wie ein Dieb in der Nacht. 3 Wenn die Leute meinen, es herrsche Frieden und Sicherheit, wird plötzlich das Unheil über sie hereinbrechen wie Wehen, die eine schwangere Frau überfallen, und es wird kein Entrinnen geben.

4 Ihr aber, Geschwister, lebt nicht in der Finsternis, und deshalb wird euch jener Tag nicht wie ein Dieb überraschen. 5 Ihr alle seid ja Menschen des Lichts, und euer Leben wird von jenem kommenden Tag bestimmt. Weil wir also nicht zur Nacht gehören und nichts mit der Finsternis zu tun haben, 6 dürfen wir auch nicht schlafen wie die anderen, sondern sollen wach und besonnen sein. 7 Wer schläft, schläft in der Nacht, und wer sich betrinkt, betrinkt sich in der Nacht. 8 Wir aber gehören zum Tag und wollen daher nüchtern und zum Kampf bereit sein, gerüstet mit dem Brustpanzer des Glaubens und der Liebe und mit dem Helm der Hoffnung auf Rettung. 9 Denn Gott hat uns dazu bestimmt, durch Jesus Christus, unseren Herrn, gerettet zu werden, und nicht dazu, im Gericht verurteilt zu werden. 10 Christus ist ja für uns gestorben, damit wir, wenn er wiederkommt, für immer mit ihm leben – ganz gleich, ob wir bei seinem Kommen noch am Leben sind oder nicht. 11 Darum macht euch gegenseitig Mut und helft einander im Glauben weiter, wie ihr es ja auch jetzt schon tut.

BIBELGESPRÄCH

(30–40 Minuten)
Wählen Sie ggf. unter den Fragen aus.

1. Warum eigentlich haben sich die Thessalonicher Gedanken über den Zeitpunkt der Rückkehr von Jesus gemacht? Aus Neugier oder Sorge?
2. Wie beantwortet Paulus ihre Frage nach dem Zeitpunkt?
3. Woran dachten Menschen damals, wenn sie die Schlagworte „Frieden und Sicherheit“ hörten (V. 3)? Siehe die Erläuterungen zum Vers. Inwiefern macht Paulus hier auch eine politische Aussage?
4. Wie begründet Paulus in V. 4-6, dass die Thessalonicher anders leben sollen als ihr Umfeld? Wieso steckt hierin auch ein Zuspruch?
5. Wofür stehen in diesen Versen die Worte „Schlafen“ und „Wachen“? Für welchen Lebensstil?
6. Wie ermutigt Paulus die Thessalonicher am Ende des Textes? Womit sollen sie sich gegenseitig trösten?

AUSTAUSCH

(15–30 Minuten)
Wählen Sie ggf. unter den Fragen aus. Sie können das Gespräch mit einem gemeinsamen Gebet abschließen.

1. Sind Ihnen auch schon Menschen begegnet, die den Zeitpunkt des Weltendes „ausrechnen“ möchten? Was motiviert sie dazu?
2. Jesus kann jeden Tag wiederkommen – es kann aber auch noch viele Jahre, ja Jahrhunderte dauern. Wir wissen es nicht. Wie gehen wir damit um?
3. Was bedeutet es nun, geistlich „wach“ sein, also so zu leben, als könne Jesus jeden Tag wiederkommen?
4. Was ändert das an unseren Prioritäten? Was wird wichtiger, was wird weniger wichtig?
5. Paulus will in diesem Text ja nicht verstören, sondern eben „wach und besonnen“ machen (V. 6). Wie sieht das denn praktisch aus: sich auf die Rückkehr von Jesus *freuen*, und gerade *deswegen* anders und bewusster leben?

Eben noch ging es um die Christen, die bereits verstorben sind, nun geht es um die **Lebenden** (vgl. Weima, *Thessalonians*, zu Kap. 5,1-11): Wie gehen *sie* mit der Wartezeit auf die Rückkehr von Jesus um? Denn sie wissen ja nach wie vor nicht genau, wann er kommen wird, nur dass er kommen wird. Wie sieht also ein Lebensstil aus, der dieser Aussicht entspricht? Wenn man so will, ist dies die „getaufte" Version des verbreiteten Mottos: „*Carpe diem*" – „nutze den Tag", lebe jeden Tag so, als könne es dein letzter sein. Christen sagen hier: **Lebe jeden Tag so, als sei dies der Tag, an dem Jesus wiederkommt.** Also gerade nicht: dein letzter Tag, sondern: der erste Tag der Ewigkeit. Damit steht alles auf dem Prüfstand, was in diesem Leben sonst als wichtig gilt. Karriere, Besitz und gesellschaftliche Anerkennung spielen beim Wiederkommen von Jesus keine Rolle mehr. Aber die Grundstimmung ist nicht fatalistisch, also schicksalsergeben, sondern **voller Hoffnung und Vorfreude.** Wie wirkt sich diese Vorfreude auf das Leben im Jetzt aus?

Darum also geht es in Kap 5. Die Thessalonicher beschäftigen dabei anscheinend zwei Fragen:

- Wann genau wird es sein – können wir darüber wirklich nichts weiter wissen? Wie gehen wir mit der Ungewissheit um?
- Sind wir geistlich vorbereitet? Sind wir überhaupt „qualifiziert", dem wiederkommenden Herrn zu begegnen?

Paulus begegnet beiden Anliegen mit Klarstellung, Trost und wohldosierten Herausforderungen. Über die genaue Zeit wissen wir nun einmal nichts, schreibt er, entscheidend ist aber, *dass* Jesus kommen wird und dass sein Kommen plötzlich und unmissverständlich sein wird. Statt über Zeiten und Daten zu spekulieren, sollte man also seine Kraft lieber dafür einsetzen, entsprechend zu leben – geistlich „wach" zu sein.

V. 1-2. Die **„Frage nach dem Zeitpunkt"** haben die Thessalonicher wohl kaum nur aus frommer Neugier gestellt, sondern aus Sorge: Paulus hatte ihnen bei der Einführung in den christlichen Glauben sicher auch vom „Tag des Herrn" erzählt, im Alten Testament der übliche Ausdruck für den Tag des Gerichtes Gottes (vgl. Am 5,18-20; Jes 13,6; siehe Stott, *Thessalonians*, 107f). Darauf nimmt Paulus hier wie selbstverständlich Bezug. Man darf nun nicht vergessen, dass all dies für die Thessalonicher neu war: ‚Es kommt also das Gericht', müssen sie sich gefragt haben, ‚wie bereiten wir uns denn darauf vor? Wenigstens wäre es gut, den genauen Zeitpunkt zu kennen!' Diese „Lösung" des Problems ist aus ihrer Sicht zwar verständlich, aber trotzdem irreführend; Paulus widerspricht energisch (vgl. Stott, *Thessalonians*, 108f): Nein, so Paulus, wir kennen den genauen Zeitpunkt nicht. **Wir wissen aber, *wie*** der „Tag des Herrn" kommen wird: **unerwartet**, „wie ein Dieb in der Nacht". Das klingt bedrohlich; wichtiger an dem Bild ist aber wohl das Unerwartete, Unberechenbare. Genauso hat schon Jesus selbst seine Rückkehr angekündigt (Mt 24,42-44).

In **V. 3** führt Paulus das Bild weiter aus: „*wie Wehen, die eine schwangere Frau überfallen*", wird das Ganze plötzlich geschehen. Die Pointe ist die gleiche wie zuvor. Denn eine Schwangere rechnet ja grundsätzlich damit, dass eines Tages der Geburtsvorgang beginnt. Nur den ganz genauen Zeitpunkt kann sie nicht vorausplanen. Paulus zeichnet nun einen scharfen Kontrast zwischen diesem plötzlichen Eintreten des Endes und der gefühlten Sicherheit von Menschen: **„Frieden und Sicherheit"** war ein **Slogan des Römischen Reiches,** mit dem es um die Zustimmung seiner Bewohner für die Vorherrschaft des Kaisers warb. Die Argumentation war: ‚Ihr gebt ein Stück eurer Selbstbestimmung ab, achtet den Kaiser als obersten Herrn – und im Tausch bekommt ihr *pax et securitas*', Frieden und Sicherheit (vgl. Weima, *Thessalonians*, zu 5,3). Paulus will hier also nicht etwa „gewöhnliche" Menschen gezielt verunsichern, sondern vor allem politische Propaganda entlarven: Niemand ist von Gottes Gericht ausgenommen, auch das beste politische System, auch die stabilste Wirtschaft und das mächtigste Militär nicht – über all dem hat Gott das letzte Wort. Und das wird am Ende der Zeiten deutlich werden. Auch wenn Paulus wie auch die ersten Christen sich also nicht als politische Revolutionäre verstanden: Die **Botschaft des Evangeliums** war

immer auch politisch. Dass die Christen *Jesus* als Herrn und Richter ansahen und nicht den römischen Kaiser, hat sie in den Augen der damaligen Obrigkeit sofort verdächtig gemacht. Dabei weiß Paulus einen funktionierenden Staat mit Gerichten und Polizei durchaus zu schätzen (siehe Röm 13,1-7). Für ihn ist nur völlig klar, dass auch der vorbildlichste Staat *unter* Gottes Autorität steht.

V. 4-6. So unberechenbar die Rückkehr von Jesus sein wird – Paulus will die Thessalonicher hier nicht etwa verunsichern, sondern es geht ihm um den **Zuspruch**: *„Ihr alle seid ja Menschen des Lichts"*; ihr *seid* es schon, weil ihr an Jesus glaubt, der selbst das Licht ist (vgl. Joh 8,12). Die Aussicht auf den „Tag des Herrn" soll also nicht etwa Angst machen, sondern sie soll *„wach und besonnen"* machen. Wer weiß, dass Jesus wiederkommt, und wer auf diesen Moment zu lebt, sollte entsprechend **bewusst leben**; er sollte sein Leben nicht an Nebensächlichkeiten verschwenden, sich nicht von den falschen Dingen beeindrucken lassen.

V. 7-8 führt das Bild vom Schlafen und Wachen noch weiter aus: Schlaf gehört zur Nacht; zur Dunkelheit, in der man wenig wahrnimmt – so wie auch das Betrunkensein zur Nacht gehört, auch hier ist die Wahrnehmung eingeschränkt. Wie gesagt: Das ist ein **Bild**. Paulus hat selbstverständlich nichts gegen ausreichend Schlaf und Ruhepausen, die gehören zu einem Leben nach den Rhythmen von Gottes Schöpfung dazu. Sondern es geht ihm eben um ein ***geistliches* Wachsein**, ein Leben mit den richtigen Prioritäten. In V. 8 wechselt so auch das Bild, jetzt spricht Paulus vom *„Brustpanzer des Glaubens und der Liebe"* und dem *„Helm der Hoffnung auf Rettung"*. Das **Bild der geistlichen Waffenrüstung** wird von Paulus später im Epheserbrief (Eph 6,14-17) breiter entfaltet. Was für uns vielleicht allzu militärisch klingt, war damals Alltag. Was zur Ausrüstung römischer Soldaten gehörte, war weithin vertraut; der praktische Nutzen war klar. Paulus betont also, dass Hoffnung, Liebe und Glaube ganz praktisch helfen, um die Zeit bis zur Rückkehr von Jesus zu bestehen.

V. 9-11 macht abschließend deutlich, was Paulus mit dem ganzen Abschnitt bezweckt. Er will **klären und ermutigen**; theologische Klarheit schaffen und mit einem Zuspruch enden: Gott *will*, dass ihr gerettet werdet, so Paulus, er hat euch „dazu bestimmt". Daraus darf man keine ausgewachsene Lehre von der Vorherbestimmung zum Heil folgern; schon gar nicht mit der Kehrseite, als seien manche Menschen eben von vornherein darauf festgelegt, *nicht* dabei zu sein. Denn das würde dem grundsätzlichen Willen Gottes, *alle* Menschen zu gewinnen, ausdrücklich widersprechen. Von diesem Heilswillen Gottes für alle Menschen schreibt Paulus selbst an anderer Stelle ausdrücklich (1 Tim 2,4). So kann auch hier in 1 Thess 5 keine allgemeine Lehre von der Vorherbestimmung zum Heil oder Unheil gemeint sein.

Stattdessen geht es Paulus wieder um **Trost** und darum, dass die Thessalonicher diesen Trost **untereinander weitergeben**: „Macht euch gegenseitig Mut" (V. 11). Er argumentiert dabei sinngemäß so: ‚Gott hat in Jesus *alles* für euch getan (V. 10), daraus könnt ihr folgern, dass er euch wirklich bei sich haben möchte. Und ihr könnt sicher sein: Ob Christen nun noch leben oder bereits im Glauben verstorben sind – am Ende werden sie bei Jesus sein und mit ihm leben.'

Diese Anregungen möchte ich mir merken:

8 Die Gemeinschaft des Glaubens

1. Thessalonicher 5,12-28

EINSTIEG

(15–20 Minuten)
Wählen Sie bitte eine oder zwei Fragen aus.

1. Vervollständigen Sie einmal reihum den Satz: „Wenn ich an meine Gemeinde denke ..."

2. Wann hat Sie zuletzt jemand zu Recht kritisiert (auch wenn Sie dies vielleicht erst hinterher zugeben konnten)?

3. In welcher wichtigen Glaubensfrage haben Sie schon einmal Ihre Meinung geändert? Was hat Sie dazu gebracht?

BIBELTEXT

Das Zusammenleben der Gemeinde

12 Geschwister, wir bitten euch, die anzuerkennen, denen der Herr die Verantwortung für eure Gemeinde übertragen hat und die mit unermüdlichem Einsatz unter euch tätig sind und euch mit seelsorgerlichem Rat zur Seite stehen. 13 Ihr könnt ihnen für das, was sie tun, nicht genug Achtung und Liebe entgegenbringen. Haltet Frieden untereinander!

14 Weiter bitten wir euch, Geschwister: Weist die zurecht, die ein ungeordnetes Leben führen! Ermutigt die, denen es an Selbstvertrauen fehlt! Helft den Schwachen! Habt mit allen Geduld! 15 Achtet darauf, dass keiner Böses mit Bösem vergilt. Bemüht euch vielmehr mit allen Kräften und bei jeder Gelegenheit, einander und auch allen anderen Menschen Gutes zu tun.

Kennzeichen eines Lebens mit Gott

16 Freut euch, was auch immer geschieht! 17 Lasst euch durch nichts vom Gebet abbringen! 18 Dankt Gott in jeder Lage! Das ist es, was er von euch will und was er euch durch Jesus Christus möglich gemacht hat.

Richtlinien zur Prüfung prophetischer Aussagen

19 Legt dem Wirken des Heiligen Geistes nichts in den Weg! 20 Geht nicht geringschätzig über prophetische Aussagen hinweg, 21 sondern prüft alles. Was gut ist, das nehmt an. 22 Aber was böse ist, darauf lasst euch nicht ein, in welcher Gestalt auch immer es an euch herantritt.

Abschließendes Gebet. Bitten und Fürbitte

23 Gott selbst, der Gott des Friedens, helfe euch, ein durch und durch gehei-
ligtes Leben zu führen. Er bewahre euer ganzes Wesen – Geist, Seele und
Leib –, damit, wenn Jesus Christus, unser Herr, wiederkommt, nichts an euch
ist, was Tadel verdient. 24 Der, der euch beruft, ist treu; er wird euch ans Ziel
bringen.
25 Betet auch für uns, Geschwister! 26 Grüßt alle Geschwister mit einem
Kuss als Ausdruck dafür, dass ihr alle zu Gottes heiligem Volk gehört. 27 Ich
mache es euch vor dem Herrn zur Pflicht, diesen Brief allen Geschwistern
vorzulesen.
28 Die Gnade unseres Herrn Jesus Christus sei mit euch!

BIBELGESPRÄCH

(30–40 Minuten)
Wählen Sie ggf. unter den Fragen aus.

1. Wer genau ist in V. 12 gemeint? Was wissen Sie darüber, wie in der Zeit der ersten Christen Gemeinden geleitet wurden? Siehe hierzu auch die Erläuterungen.

2. Warum verdienen Menschen in Leitungsverantwortung für die Gemeinde Respekt? Wofür genau (siehe V. 12b)? Und wie unterscheidet sich solcher Respekt von blinder Zustimmung zu allem?

3. Um welche drei Gruppen in der Gemeinde geht es ab V. 14? Was davon kommt Ihnen aus den vorigen Kapiteln bekannt vor?

4. Wer könnte z. B. speziell mit den „Schwachen" gemeint sein? Siehe hierzu auch die Erläuterungen.

5. Wer ist in diesen Versen überhaupt angesprochen, wer also soll sich laut Paulus um die verschiedenen Gruppen in der Gemeinde kümmern – die Gemeindeleitung oder die ganze Gemeinde?

6. Welchen Umgang mit prophetischen Aussagen empfiehlt Paulus in V. 19-22? Welche Möglichkeiten haben wir denn, um eine Aussage zu prüfen? Siehe hierzu wieder die Erläuterungen.

7. Was wird aus den letzten Versen des Briefes über Paulus' Einstellung deutlich (V. 23-28)? Was möchte er den Thessalonichern abschließend unbedingt mit auf den Weg geben?

AUSTAUSCH

(15–30 Minuten) Wählen Sie ggf. unter den Fragen aus. Sie können das Gespräch mit einem gemeinsamen Gebet abschließen.

1. Wie erleben Sie das: Fehlt es in unseren Gemeinden eher an Wertschätzung für die Gemeindeleitung; oder fehlt es an Selbstbewusstsein unter den „normalen" Gemeindegliedern, auch einmal eine eigene Position zu vertreten?

2. Wie sähe denn hier ein ideales Miteinander aus? Wie können Leitende und Gemeindeglieder einander am besten unterstützen?

3. Gibt es hier jemanden, für den Sie in nächster Zeit besonders beten möchten?

4. Wie kann man Menschen so zurechtweisen, dass es sie tatsächlich anspornt, sich anders zu verhalten?

5. Haben Sie Menschen vor Augen, auf die eine der Beschreibungen in V. 14 zutrifft? Wie könnte man diesen Menschen helfen – was könnten Sie selbst für sie tun?

ERLÄUTERUNGEN

Gegen Ende des Briefes kommt Paulus auf das **Zusammenleben der Gemeinde** zu sprechen. Letztlich ist das sein zentrales Anliegen im ganzen Brief gewesen. Verschiedene Gruppen in der Gemeinde hat er angesprochen, Zweifel ausgeräumt und Fragen geklärt, zu konsequentem Christsein herausgefordert – all das greift er in den letzten Versen noch einmal auf, fasst zusammen und macht dabei deutlich: Die ganze Zeit über hat er die Christen in Thessalonich **nicht nur als einzelne angesprochen, sondern als Gemeinschaft**. Und alles, was er geschrieben hat, hat immer auch den Nebeneffekt, diese noch junge Gemeinschaft von Christen zu stärken und für die Langstrecke im Glauben fit zu machen. Deswegen drängt er ganz am Ende auch so ausdrücklich darauf, dass sein Brief an die Gemeinde öffentlich und allen vorgelesen wird (V. 27; s. u.).

V. 12-13. Paulus fordert dazu auf, den Leitenden in der Gemeinde mit Anerkennung zu begegnen. In der *Neuen Genfer Übersetzung* sind dies die Menschen, „denen der Herr die Verantwortung für eure Gemeinde übertragen hat". Eine offizielle Bezeichnung fehlt; in Apg 14,23 werden die Leiter in Thessalonich die „Ältesten" (griechisch *presbyteroi*) genannt, was später gängig wurde (vgl. Stott, *Thessalonians*, 121). Vielleicht war der Gemeinde selbst der Begriff noch nicht so geläufig, weswegen Paulus hier noch darauf verzichtet. Aber sachlich meint er das Gleiche.

Diesen Leitern jedenfalls sollen die Gemeindeglieder ***„Achtung und Liebe entgegenbringen"***. Damit ist nicht blinde Zustimmung gemeint, schließlich schreibt Paulus selbst nur kurz darauf, dass alles geprüft werden soll, was in der Gemeinde gesagt wird (s. u. V. 21). Auf angemessene Einwände und Anfragen an die Leitung zu verzichten, wäre auch gerade *kein* Zeichen von Respekt: Denn wenn diese Leitung sich wirklich verantwortlich um die Gemeinde bemüht, kommt sie auch mit konstruktivem Widerspruch zurecht und wird dankbar dafür sein.

Wie schön, wenn in Gemeinden so herzlich und ehrlich miteinander umgegangen wird! Dieses Bild von Gemeinde hat wohl auch Paulus hier im Sinn. **Voraussetzung** dafür sind die **gegenseitige Hochschätzung und Dankbarkeit** für das, was der andere einbringt. Deswegen betont Paulus zunächst, was die Gemeinde ihren Verantwortungsträgern zu verdanken hat: Sie sind *„mit unermüdlichem Einsatz ... tätig“* – Paulus verwendet hier ähnliche Begriffe wie für seine eigene körperliche Arbeit im Beruf (vgl. 2,9; 2 Thess 3,8; siehe Stott, *Thessalonians*, 119). In seinem Lob für die Verantwortlichen steckt also auch ein kleiner Ansporn: Genau solchen Einsatz sollte Gemeindeleitung ausmachen.

V. 14 liest sich wie eine Zusammenfassung des Vorigen: Um drei Gruppen sollen sich die Thessalonicher besonders kümmern, und diese drei hatte Paulus im Brief zuvor schon selbst angesprochen:

1. *„Weist die zurecht, die ein ungeordnetes Leben führen“*, griechisch die *ataktoi,* von denen schon in 4,11-12 die Rede war. Hier sind also nicht einfach „unordentliche Menschen“ gemeint, die z. B. nicht gerne aufräumen (obwohl ein aufgeräumtes Zuhause auch seine Vorteile hat). Sondern gemeint sind eben Menschen in der Gemeinde, die unter Berufung auf das Wiederkommen von Jesus aufgehört hatten zu arbeiten.
2. *„Ermutigt die, denen es an Selbstvertrauen fehlt“* – wörtlich übersetzt auch „die Furchtsamen / die mit der kleinen Seele“. Das griechische Wort (*oligopsychoi*) findet sich nirgends sonst im NT (siehe Weima, *Thessalonians*, zu 5,14). Vom Zusammenhang des Briefes her hat Paulus hier wohl diejenigen in der Gemeinde im Blick, die im Warten auf die Wiederkehr von Jesus unsicher waren und ins Zweifeln kamen, auch weil sie um verstorbene Mitchristen trauerten (s. o. 4,13-18; 5,1-11).
3. *„Helft den Schwachen“* – auch hier meint Paulus wohl eine ganz bestimmte Art von Schwachheit – vom Zusammenhang her liegt nahe, an Schwachheit im sexuellen Bereich zu denken (s. o. Kap. 3). Wer hier scheitert, braucht also nicht Verurteilung, sondern zuerst die Hilfe und Unterstützung der Gemeinde.

Was man an dieser Stelle gerne überliest: Aufgefordert ist an dieser Stelle nicht nur die Gemeindeleitung, von der vorher die Rede war, sondern die **gesamte Gemeinde**. *Alle* haben die Aufgabe, Zweifelnde zu stärken, Inkonsequente zu ermahnen und Gescheiterten aufzuhelfen (vgl. Stott, *Thessalonians*, 125). Darin stecken ein Auftrag und eine große Würdigung.

V. 15 richtet sich weiter an alle in der Gemeinde, weil es auch alle betrifft; hier geht es um den **Umgang mit Druck und Anfeindungen von außen,** mit denen die Gemeinde ja von Anfang an zu tun hatte. *„Nicht Böses mit Bösem vergelten“* ist Paulus so geläufig, dass es keine weitere Erklärung braucht, daher erinnert er auch nur daran (*„achtet darauf“*). Die gleiche Aufforderung findet sich schon bei Jesus selbst (Mt 5,38-48).

V. 16-18 erinnert an andere Stellen in den Paulus-Briefen, in denen zur Freude aufgefordert wird (besonders Phil 4,4). Natürlich ist nicht gemeint, dass man in sich das *Gefühl* von Freude erzeugt, das funktioniert nicht und wirkt auf andere künstlich. Sondern gemeint ist vor allem der **Entschluss, Gott zu danken** und ihn zu loben (V. 18a). Dabei hat Paulus wieder vor allem die Gemeinde als ganze und ihren gemeinsamen Gottesdienst im Blick, nicht nur den einzelnen Christen im persönlichen Gebet (vgl. Stott, *Thessalonians*, 124).

V. 19-22. Auch hier bezieht sich Paulus in erster Linie auf den **öffentlichen Gottesdienst**. Dieser Gottesdienst lebte in frühen Gemeinden oft von den Beiträgen aller Anwesenden, auch das Weitergeben prophetischer Eindrücke und Einsichten gehörte dazu (vgl. 1 Kor 14,26). Paulus geht also selbstverständlich davon aus, dass es solche Einsichten gibt, und ermahnt, ihnen Raum zu geben. Zugleich setzt er Grenzen: Es reicht nicht, sich auf eine besondere prophetische Einsicht zu berufen, sondern **alles Gesagte ist zu prüfen.** Paulus sagt hier nicht ausdrücklich, nach welchen Maßstäben geprüft werden soll, solche Kriterien ergeben sich aber aus anderen Aussagen von Paulus und aus anderen Hinweisen in der Bibel zum Umgang mit Prophetie. Nach John Stott gibt es hier folgende Testfragen (*Thessalonians*, 128f):

1. Ist es **biblisch** (2 Tim 3,16)? Entspricht es dem, was wir sonst in der Bibel über Gott, sein Wesen und seinen Willen lesen?
2. Bekennt es **Jesus als den Mensch gewordenen Sohn Gottes** (1 Joh 4,1-3)? Dient es dazu, ihn zu ehren, oder macht es das Bekenntnis zu ihm unklar oder läuft diesem Bekenntnis sogar zuwider?
3. Entspricht es dem **Evangelium von der Gnade Gottes in Jesus Christus** (Gal 1,6-9)? Oder macht es die Gnade Gottes klein, redet es Menschen sogar ein, sie müssten sich Gottes Gnade doch ein wenig selbst verdienen?
4. Wie passt der **Charakter des Propheten** zum Gesagten, soweit wir ihn kennen? „An den Früchten werdet ihr sie erkennen", hat schon Jesus als Kriterium empfohlen (Mt 7,15ff). Natürlich ist dieses Kriterium weniger genau, weil Christen diesseits des Himmels *immer* fehlbar bleiben und Vergebung brauchen (1 Joh 1,8-9). Wäre völlige Sündlosigkeit Voraussetzung für die Aufgabe eines Propheten oder Verkündigers, könnte niemand außer Jesus diese Aufgabe übernehmen. Dennoch ist das Kriterium der Früchte hilfreich: Wer mit seiner „Prophetie" erkennbar nur den eigenen Vorteil verfolgt, sich einfach Einfluss verschaffen oder gar bereichern will, dessen Einsichten stammen ganz sicher nicht von Gott.

V. 23-24. Briefe in der Antike endeten normalerweise knapp, mit einem kurzen Gruß, guten Wünschen, einer Unterschrift und der Aussicht auf ein Wiedersehen (vgl. Weima, *Thessalonians*, zu 5,23-28). Paulus orientiert sich lose an diesem Rahmen, weicht aber auch davon ab; sein **Briefschluss ist viel ausführlicher.** Fast hat man den Eindruck, Paulus nutzt jede Gelegenheit, jede Zeile, um die Botschaft von Jesus so deutlich wie möglich zu machen:

- ***„Gott selbst … helfe euch"*** – anders als in vielen anderen Briefen ist der gute Wunsch hier keine Floskel, sondern hat einen genauen Inhalt: *Gott* möge helfen, er hat auch die Fähigkeit dazu, also lohnt es sich, ihn zu bitten;
- *„ein durch und durch* ***geheiligtes Leben zu führen"*** – dazu hat Paulus den ganzen Brief geschrieben, und damit endet er auch: Was die Thessalonicher im Glauben begonnen haben, soll weitergehen, und dazu gehört, dass Stück für Stück alle Lebensbereiche unter Gottes heilsamen Einfluss kommen;
- *„damit,* ***wenn Jesus Christus … wiederkommt,*** *nichts an euch ist, was Tadel verdient"* – die Aussicht auf die Rückkehr von Jesus motiviert dazu, anders und konsequenter zu leben. Noch einmal: Das schreibt Paulus nicht etwa, um Angst zu machen; vielmehr ist er **voller Vorfreude:** Jesus kommt, ganz bestimmt, also bereiten wir uns darauf vor! So wie man sein Haus aufräumt und schmückt, ein gutes Essen kocht und sich gut anzieht, wenn ein wichtiger und geliebter Mensch heimkehrt – so bereiten sich Christen auf Jesus vor.

V. 25-28. Wieder wird deutlich: Paulus wendet sich vor allem an die Gemeinde als ganze, die zum Gottesdienst zusammengekommen ist:

„Betet auch für uns" (V. 25) – die regelmäßige Fürbitte ist Teil des Gottesdienstes. Und jeder hat solches Gebet nötig, auch Paulus selbst, der die Gemeinde in Thessalonich doch gegründet hat. Unterstützung unter Christen ist niemals eine Einbahnstraße: Paulus erklärt den Thessalonichern die Botschaft von Jesus, ermahnt und tröstet – und die Thessalonicher helfen auch ihm: Sie versetzen ihn in Hochstimmung, weil es in der Gemeinde so gut läuft (s. o. Kap. 2), und sie beten weiterhin für ihn.

- *„Grüßt … mit einem Kuss"* (V. 26) – der Kuss als Zeichen der Gemeinschaft war damals verbreitet (vgl. Weima, *Thessalonians*, zu 5,26, auch für das Folgende). Allzu innig muss man ihn sich nicht vorstellen, vielleicht eher ähnlich einem flüchtigen Wangenkuss zur Begrüßung. Es geht also weniger um die körperliche Nähe als um die **Signalwirkung: Wir verstehen uns,** wir gehören zusammen, wir gehen auch bei Meinungsverschiedenheiten versöhnlich miteinander um. Das ist das Lebenselixier christlicher Gemeinschaft.

- *„Ich mache es euch vor dem Herrn zur Pflicht, diesen Brief allen Geschwistern vorzulesen“* (V. 27) – Paulus will sicherstellen, dass seine Botschaft in der Gemeinde ankommt und von jedem gehört wird. Das war damals nicht einfach: Sein Brief musste per Bote überbracht werden, was auch gefährlich sein konnte; und es gab noch keine eingespielten Gewohnheiten, wann und wie solche Briefe verlesen wurden. Was damals also riskant war und Mut erforderte, ist **heute für uns ganz einfach**: Wir haben den Brief von Paulus vorliegen, können ihn in Ruhe lesen und darüber sprechen. Nutzen wir also die Gelegenheit ...
- *„Die Gnade unseres Herrn Jesus Christus sei mit euch“* (V. 28) – spätestens dieser abschließende Gnadenzuspruch, wahrscheinlich aber schon die Verse vorher, wurden von Paulus selbst aufgeschrieben. Ansonsten nämlich diktierte er seine Briefe einem Schreiber und fügte erst zum Schluss einen **eigenen handschriftlichen Gruß** hinzu (vgl. Gal 6,11). Hier brachte er teils noch einmal unter, was ihm besonders wichtig war; deswegen kann es gut sein, dass Paulus in 1 Thess 5 schon den Teil ab V. 23 ursprünglich selbst geschrieben hat.

Diese Anregungen möchte ich mir merken:

9 Dranbleiben – weil Gott gerecht ist

2. Thessalonicher 1,1-12

EINSTIEG
(15–20 Minuten)
Wählen Sie bitte eine oder zwei Fragen aus.

1. Auf einer Skala von 1-10: Wie ausgeprägt ist Ihr Sinn für Gerechtigkeit?
2. Wie verhalten Sie sich, wenn Sie selbst sich ungerecht behandelt fühlen?
3. Wann haben Sie zuletzt etwas Anspruchsvolles neu angefangen (eine neue Sportart, ein Musikinstrument ...)? Was hat Sie dazu motiviert dranzubleiben?

BIBELTEXT

Absender und Empfänger des Briefes. Segenswunsch

[1] Paulus, Silvanus und Timotheus an die Gemeinde in Thessalonich, die Gott,
unserem Vater, und unserem Herrn Jesus Christus gehört. [2] Wir wünschen
euch Gnade und Frieden von Gott, unserem Vater, und von Jesus Christus,
unserem Herrn.

Gott sorgt für Gerechtigkeit: Sein Urteil über die Menschen bei der Wiederkunft Christi

[3] Immer, wenn wir für euch beten, müssen wir Gott für euch danken, liebe
Geschwister. Wir können gar nicht anders, denn euer Glaube wächst und
wird immer stärker, und die Liebe jedes Einzelnen von euch zu allen anderen
nimmt ständig zu. [4] Deshalb stellen wir euch auch voll Freude und Stolz den
anderen Gemeinden Gottes als Vorbild hin und rühmen eure Standhaftigkeit
und euren Glauben in allen Verfolgungen und Nöten, denen ihr ausgesetzt
seid. [5] Eure Bedrängnisse sind ein klarer Hinweis darauf, dass Gott ein ge-
rechtes Gericht halten wird; sie zeigen, dass er euch für würdig erachtet, an
seinem Reich teilzuhaben, für das ihr das alles ertragt.

[6] Denn so wahr Gott gerecht ist: Er wird jedem das geben, was er verdient
hat. Über die, die euch jetzt Leiden bereiten, wird er Leiden verhängen; [7] euch
hingegen, die ihr jetzt zu leiden habt, wird er zusammen mit uns von aller Not
befreien.

Das wird geschehen, wenn Jesus, der Herr, mit seinen mächtigen Engeln
vom Himmel her [8] in loderndem Feuer erscheint. Er wird die zur Rechen-

schaft ziehen, die Gott nicht als Gott anerkennen und nicht bereit sind, das Evangelium von Jesus, unserem Herrn, anzunehmen. 9 Die Strafe, die diese Menschen erhalten, wird ewiges Verderben sein, sodass sie für immer vom Herrn und von seiner Macht und Herrlichkeit getrennt sind. 10 Ja, so wird es an jenem Tag sein, wenn er kommt, um für sein Handeln an denen, die zu seinem heiligen Volk gehören, geehrt zu werden, um bewundert zu werden für sein Wirken an allen, die zum Glauben gekommen sind. Auch ihr gehört dazu, denn ihr habt das, was wir euch bezeugt haben, im Glauben angenommen.

11 Weil wir das alles vor Augen haben, hören wir nicht auf, für euch zu beten. Wir bitten unseren Gott, der euch zum Glauben gerufen hat, dass er euch hilft, ein Leben zu führen, das dieses Rufes würdig ist, und dass er in seiner Macht alles Gute, das ihr vorhabt, zustande kommen lässt und alles, was ihr auf der Grundlage des Glaubens tut, zur Vollendung bringt. 12 Dann wird der Name unseres Herrn Jesus für all das geehrt werden, was durch ihn in eurem Leben geschehen ist, und weil ihr mit ihm verbunden seid, werdet auf diese Weise auch ihr geehrt werden. Das alles verdanken wir der Gnade unseres Gottes und des Herrn Jesus Christus.

BIBELGESPRÄCH

(30–40 Minuten)
Wählen Sie ggf. unter den Fragen aus.

1. Warum wohl schreibt Paulus kurz nach dem ersten bald einen zweiten Brief an die Thessalonicher? Siehe hierzu noch einmal die Einführung in beide Briefe und die Erläuterungen zu V. 1-2.

2. Was hat Paulus für die Gemeinde empfunden und warum (V. 3-4)?

3. Was wissen Sie über die „Bedrängnisse", denen die Gemeinde weiter ausgesetzt war (V. 5)? Siehe hierzu auch die Erläuterungen.

4. Wie ist für Paulus der Zusammenhang zwischen den Bedrängnissen und Gottes gerechtem Gericht (V. 5-6)? Wieso ist für Paulus die Aussicht auf das Gericht etwas Gutes?

5. Wie wird das Gericht in V. 6-9 beschrieben? Warum verzichtet Paulus auf allzu viele Details, worum geht es ihm vor allem? Siehe hierzu die Erläuterungen.

6. Wie ermutigt Paulus mit seiner Beschreibung die Thessalonicher, trotz der Angriffe von außen an ihrem Glauben festzuhalten?

AUSTAUSCH

(15–30 Minuten) Wählen Sie ggf. unter den Fragen aus. Sie können das Gespräch mit einem gemeinsamen Gebet abschließen.

1. Wie sieht das eigentlich praktisch aus: ein Glaube, der „wächst und immer stärker wird“ (V. 3)? Haben Sie Beispiele vor Augen?

2. Warum wird in Gemeinden heute eher wenig über das Thema Gericht gesprochen? Wieso und wie nutzt Paulus die Aussicht auf das Gericht sogar zur Ermutigung?

3. Für was für Menschen heute, unter welchen Umständen und in welchen Teilen der Welt, könnten seine Gedanken besonders hilfreich sein?

4. Wie folgt aus dem Gericht Gottes am Ende der Zeiten, dass Christen sich für erlittenes Unrecht gerade *nicht* rächen sollen? Lesen Sie dazu Röm 1,19.

5. Kennen Sie Menschen, die für Sie so beten, wie Paulus es in V. 11-12 tut? Kennen Sie Menschen, für die *Sie selbst* so beten möchten?

ERLÄUTERUNGEN

Den zweiten Brief an die Gemeinde in Thessalonich schreibt Paulus kurz nach dem ersten. Er hält sich beim Schreiben des zweiten Briefes also nach wie vor in Korinth auf, im Jahr 51 nach Christus. Denn wie bereits in der Einführung in beide Briefe beschrieben: Anscheinend erreichen ihn kurz nach Versand seines ersten Briefes **erneut Nachrichten aus Thessalonich**. Und diese Nachrichten sind mindestens **„gemischt“**. Sie geben Paulus einerseits neuen Grund zur Erleichterung und zu überschwänglichem Dank, das zeigen gleich die ersten Verse. Andererseits geben sie Anlass, eben gleich nachzulegen und Trost und Ermahnungen aus dem ersten Brief zu vertiefen. Besonders wichtig ist Paulus dabei der Zuspruch und Ansporn: ‚Egal was ihr an Widerstand und Anfeindungen erlebt, **bleibt dran**!‘, so seine Botschaft, ‚denn am Ende wird euch Gott Recht geben.‘ Weil Gott als gerechter Richter das letzte Wort über allen Streit dieser Welt sprechen wird, brauchen Christen sich auch von ungerechtfertigten Anschuldigungen nicht irre machen zu lassen. Das beruhigt und gibt (wieder) Kraft für die Langstrecke im Glauben. Paulus geht es weiterhin darum, dass der frische und ansteckende Glaube der Thessalonicher auch auf Dauer und unter schwierigen Umständen lebendig bleibt. Auch deswegen schreibt er den zweiten Brief.

V. 1-2. Der Brief beginnt wie andere antike Briefe, an denen sich auch Paulus orientiert: mit der Angabe der Absender, der Empfänger, einem Gruß und einer Danksagung (Weima, *Thessalonians*, zu 1,1-2). Typisch für Paulus ist aber, dass er schon in dieses Briefformular nach antiker „DIN“ seine eigenen **Herzensanliegen einbaut** – ähnlich einem Briefschreiber heute, der schon die Absenderangabe auf dem Umschlag mit einem Smiley versieht:

- *„Paulus, Silvanus und Timotheus"* (V. 1) sind die Absender (Silvanus ist die lateinische Version von Silas). Silas und Timotheus sind der Gemeinde ja gut bekannt. Der eigentliche Verfasser des Briefes ist aber wohl nur Paulus; darauf deutet das „Ich" in 2,5 und 3,17 hin (vgl. Weima, *Thessalonians*, zu Kap. 1,1).
- *„Gnade von Gott, unserem Vater, und von Jesus Christus, unserem Herrn"* (V. 2) taucht als Gruß immer wieder bei Paulus auf. Auffallend ist, wie selbstverständlich er Gott den Vater und Jesus nebeneinander stellt.

V. 3. Auch der **Dank für den Empfänger** eines Briefes gehörte damals zum höflichen Anfang dazu. Bei Paulus ist er aber wieder mehr als eine Floskel: Die neuen Nachrichten aus Thessalonich müssen ihn sehr erleichtert haben (s. o.): Bei allen Problemen und Unklarheiten – die Gemeinde existiert noch, ja ihr *„Glaube wächst und wird immer stärker, und die Liebe jedes Einzelnen ... zu allen anderen nimmt ständig zu"*. Deswegen „kann er gar nicht anders", als für die Thessalonicher zu danken. Glücklich, wer das über die eigene Gemeinde sagen kann!

V. 4 führt den Dank weiter aus: Die ***„Standhaftigkeit"* der Gemeinde** und ihr *„Glauben in allen Verfolgungen und Nöten"* beeindrucken Paulus so sehr, dass er sie sogar anderen Gemeinden als Vorbild vorstellt. Gemeint ist wohl die gesellschaftliche Ächtung, der die Gemeinde in der Stadt Thessalonich ausgesetzt war. Das ist noch nicht vergleichbar mit den späteren Christenverfolgungen im gesamten Römischen Reich; aber es war doch ein Klima von Ausgrenzung, Benachteiligung und bösen Gerüchten. Aus anderen antiken Quellen wissen wir, dass die ersten Christen z. B. als „Atheisten" beschimpft wurden – weil sie die alten heidnischen Götter und Ahnenkulte nicht mehr achteten. Das konnte bis zum Ausschluss aus der Familie führen. Oder Christen wurden für Erdbeben, Überschwemmungen und Ernteausfälle verantwortlich gemacht, weil sie die Götter erzürnt hätten (vgl. Weima, *Thessalonians*, zu 1,4). Paulus kommt in beiden Briefen an die Thessalonicher auf solche Anfeindungen zu sprechen. Es scheint also ein **Dauerzustand** gewesen zu sein, und das kann langfristig ähnlich zermürbend sein wie eine unmittelbare Bedrohung.

V. 5. Paulus geht noch einen Schritt weiter: Die Anfeindungen gegen die Thessalonicher sind für ihn sogar ein Hinweis auf Gottes Gerechtigkeit. Die Logik dahinter: Wer so ungerecht behandelt wird, der *muss* am Ende von Gott ins Recht gesetzt werden. Und er kann die **aktuellen Schwierigkeiten *auch* als Würdigung** verstehen: Gott mutet der Gemeinde die Anfeindungen von außen zu. Weil er ihr anscheinend zutraut, damit umzugehen. Und noch wichtiger: Weil dies zum Christsein dazugehören kann, so wie es schon zum Weg von Jesus dazugehört hat. Natürlich wird kein verfolgter Christ je das Verfolgtsein schönreden oder gar als geistliches Abenteuer verklären. Aber es steckt *auch* eine Würdigung darin, von Gott zugesprochen zu bekommen: So schmerzhaft es ist, was du erleidest – es ist auch ein Spiegelbild von dem, was schon Jesus erlitten hat.

V. 6-9. Paulus beschreibt das künftige **Gericht Gottes** nun genauer. Das Thema kommt in Predigten heute seltener vor, meist weil man die guten, hoffnungsvollen Seiten des Glaubens betonen möchte. Das ist auch verständlich, schließlich bedeutet das griechische Wort *euangelion „gute* Nachricht", nicht „bedrückende Nachricht". Für Paulus besteht hier aber kein Widerspruch: Auch die **Aussicht auf Gottes Gericht** ist für ihn **etwas Gutes**. Diese Aussicht ist nämlich der Schlüssel, um mit den Anfeindungen der Gegenwart zurechtzukommen. Das Unrecht und die bösen Gerüchte werden nicht das letzte Wort behalten, sondern am Ende wird Gott Gerechtigkeit schaffen. Er wird *„jedem das geben, was er verdient hat"* (V. 6). Letztlich ist Gott der Einzige, der dies darf und kann, weil er als Einziger den Überblick hat und in seiner Gerechtigkeit unbestechlich ist. Deswegen gilt: Aus der Aussicht auf Gottes Gericht **folgt für uns *Menschen* gerade der *Verzicht* auf Vergeltung**. Das schreibt Paulus an anderer Stelle ausdrücklich (Röm 12,19).

Dass Gottes Gerechtigkeit sich am Ende durchsetzen wird, kann also helfen durchzuhalten. Auf gar keinen Fall schreibt Paulus dies aber mit „Schadenfreude" gegenüber den Gegnern. Auch wird **nicht im Detail** über ihr Ergehen **spekuliert**. Stattdessen gebraucht Paulus einfach die Begriffe, mit denen schon im AT das Gericht beschrieben wird. „Feuer" steht schlicht für Gottes Kommen im Gericht (siehe z. B. 1 Mo 19,24; 5 Mo 4,24; Jes 66,16). Auch „ewig" (V. 9a) meint in erster Linie *endgültig*, also die unwiderrufliche Trennung von Gott (V. 9b).

V. 10. Die Gemeinde in Thessalonich dagegen kann sich **darauf freuen, am Ende bei Jesus zu sein**. Denn er wird zu ihnen kommen und sie werden ihm direkt und sichtbar begegnen (V. 10). Daraufhin wird Jesus umso mehr geehrt werden – und zwar *„für sein Wirken an allen, die zum Glauben gekommen sind"*. Die Christen in Thessalonich selbst sind also mit der Grund, warum Jesus am Ende angebetet wird.

V. 11-12. Das ist also die Hoffnung, die Paulus den Thessalonichern vorstellt. Er lehnt sich nun aber nicht zurück, sondern betet umso engagierter – er *„hört nicht auf ... zu beten"*: Gott möge den Thessalonichern die Kraft und das Durchhaltevermögen schenken, immer mehr **ein Leben zu führen, das „dieses Rufes würdig ist"**. Es geht also *nicht* etwa darum, sich durch sein Leben die Teilnahme an Gottes Herrlichkeit zu „verdienen". Denn dies ist ja reine Gnade, reines Geschenk. Stattdessen, so Paulus sinngemäß: ‚Wenn ihr doch jetzt schon wisst, dass ihr am Ende bei Jesus sein werdet – dann lebt auch entsprechend. Lebt so, dass auch andere durch euer Leben auf Jesus aufmerksam werden' (V. 12a).

Diese Anregungen möchte ich mir merken:

Dranbleiben an der Wahrheit

10

2. Thessalonicher 2,1-17

EINSTIEG
(15–20 Minuten)
Wählen Sie bitte eine oder zwei Fragen aus.

1. Hat Ihnen schon einmal jemand haarsträubenden Unsinn erzählt – und war persönlich doch fest davon überzeugt? Wie haben Sie reagiert?

2. Kennen Sie Verschwörungstheorien, die zurzeit im Umlauf sind? Warum sind manche Menschen dafür anfällig?

3. Was meinen Sie: Gibt es das Böse auch als Macht, unabhängig von Menschen? Oder gibt es einfach nur das Böse, das Menschen selbst tun?

BIBELTEXT

Der große Verführer

1 Nun haben wir eine Bitte an euch, liebe Geschwister, und zwar im Hinblick
darauf, dass Jesus Christus, unser Herr, wiederkommt und dass wir dann mit
ihm zusammengeführt werden: 2 Lasst euch nicht so schnell durcheinander-
bringen oder gar in Angst und Schrecken versetzen durch die Behauptung,
der Tag des Herrn habe schon begonnen – ganz gleich, ob diese Behauptung
sich auf eine vermeintliche Eingebung des Heiligen Geistes stützt oder auf
eine fälschlich uns zugeschriebene mündliche Äußerung oder auf einen Brief,
der angeblich von uns stammt.

3 Lasst euch von niemand in irgendeiner Weise irreführen! Denn vor dem
Tag des Herrn muss es zuerst noch zur großen Auflehnung gegen Gott kom-
men, und jener Mensch muss in Erscheinung treten, der alle Gesetzlosigkeit
in sich vereinigt und der zum Verderben bestimmt ist. 4 Er wird sich allem
widersetzen und sich über alles erheben, was Gott genannt wird und Gegen-
stand der Verehrung ist. Mehr noch: Er wird seinen Thron im Tempel Gottes
aufstellen und sich selbst als Gott ausgeben.

5 Erinnert ihr euch nicht, dass ich immer wieder von diesen Dingen sprach,
als ich noch bei euch war? 6 Dann wisst ihr doch auch, was das Auftreten
jenes Menschen vorläufig noch verhindert, bis er schließlich zu der ihm von
Gott bestimmten Zeit in Erscheinung treten wird. 7 Im Verborgenen ist die Ge-
setzlosigkeit zwar schon jetzt am Werk, aber offen zeigen wird sie sich erst,
wenn der, der das bisher noch verhindert, nicht mehr da ist. 8 Dann allerdings
wird der Gesetzlose in Erscheinung treten. Doch Jesus, der Herr, wird ihn mit
dem Hauch seines Mundes töten; sein Auftreten in Macht und Herrlichkeit
wird ihn vernichten.

9 Hinter dem Auftreten des Gesetzlosen steht der Satan mit seiner Kraft,
was sich in allen möglichen machtvollen Taten zeigen wird, in Wundern und
außergewöhnlichen Geschehnissen – allesamt Ausgeburten der Lüge –, 10 in
Unrecht und Irreführung aller Art. Damit wird es dem Gesetzlosen gelingen,
die zu verführen, die ihrem Verderben entgegengehen. Sie gehen verloren,
weil sie die Wahrheit, die sie hätte retten können, nicht geliebt haben. 11 Des-
halb schickt Gott ihnen einen Geist der Verblendung, der sie dazu bringt, der
Lüge Glauben zu schenken. 12 So kommt es dann, dass im Gericht Gottes alle
verurteilt werden, die der Wahrheit nicht geglaubt haben, sondern am Un-
recht Gefallen fanden.

An der Wahrheit festhalten

13 Für euch hingegen, vom Herrn geliebte Geschwister, können wir Gott immer
nur danken, denn ihr gehört zu den Erstgeborenen seiner neuen Schöpfung.
Er hat euch dazu erwählt, durch das heiligende Wirken seines Geistes und
durch den Glauben an die Wahrheit gerettet zu werden. 14 Das ist es, wozu er
euch durch das Evangelium berufen hat, das wir verkünden; er hat euch dazu
berufen, an der Herrlichkeit von Jesus Christus, unserem Herrn, teilzuhaben.
15 Daher, liebe Geschwister, bleibt standhaft und haltet an den Lehren fest,
die wir an euch weitergegeben und in denen wir euch unterrichtet haben, sei
es mündlich oder brieflich. 16 Wir bitten unseren Herrn Jesus Christus und
Gott, unseren Vater, der uns seine Liebe erwiesen und uns in seiner Gnade
eine nie versiegende Ermutigung und eine sichere Hoffnung geschenkt hat,
17 euch in eurem Innersten zu ermutigen und euch die nötige Kraft für jede
gute Tat und jedes gute Wort zu geben.

BIBELGESPRÄCH

(30–40 Minuten)
Wählen Sie
ggf. unter den
Fragen aus.

1. Welche Behauptung hatte die Thessalonicher verunsichert (V. 1-2)? Wie waren sie darauf gekommen?

2. Was entgegnet Paulus darauf? Warum kann der „Tag des Herrn“ noch nicht gekommen sein?

3. Wer ist der Mensch, „der alle Gesetzlosigkeit in sich vereinigt“ (V. 3)? Was kennzeichnet ihn? Siehe die Erläuterungen zu V. 3-5.

4. Wer oder was „verhindert das Auftreten jenes Menschen“ noch (V. 6-7)? Siehe die Erläuterungen zu V. 6-8.

5. Was ist nach Paulus typisch für das Wirken des Satans? Welche Mittel setzt er ein (V. 9)?

6. Wie ist das Handeln Gottes in V. 11 zu verstehen? Siehe hierzu die Erläuterungen.

7. Gott will die Thessalonicher bei sich haben, und die Thessalonicher sollen selbst an Gott und der Lehre der Apostel festhalten (V. 13-15) – wie hängt beides miteinander zusammen?

AUSTAUSCH

(15–30 Minuten) Wählen Sie ggf. unter den Fragen aus. Sie können das Gespräch mit einem gemeinsamen Gebet abschließen.

1. Kaum jemand wird heute behaupten, Jesus sei bereits wiedergekommen. Oder doch? Und welche anderen Fehlinformationen zum Thema Ende der Welt sind Ihnen schon begegnet?

2. Auf wen lässt sich die Beschreibung des „Gesetzlosen" (V. 3-4) beziehen? Warum sollte man dennoch vorsichtig sein, einzelne Gestalten damit zu identifizieren?

3. Warum will Paulus mit seiner Beschreibung des Widersachers Gottes den Thessalonichern dennoch Mut zusprechen? Was steht für Paulus ganz am Ende?

4. Wie gehen wir mit biblischen Aussagen über den Satan um? Wie können wir sie ernst nehmen, ohne diesem Thema zu viel „ungesunde Aufmerksamkeit" zu schenken?

5. Was wissen Sie über die Aussagen von Jesus über die Endzeit? Was ist bei Paulus ähnlich? Wie verbindet Jesus die Aussicht auf schwere Zeiten mit der Ermutigung an seine Jünger?

6. Wie sollten wir als Christen zum Staat und seinen Gesetzen stehen? Wie sieht ein gesundes Verhältnis aus?

ERLÄUTERUNGEN

Wann kommt Jesus wieder, und was genau wird dann passieren? Das haben sich die Thessalonicher anscheinend immer wieder gefragt. Dabei war der **„Tag des Herrn"** bereits bei der Gründung der Gemeinde durch Paulus selbst ausführlich Thema seiner Predigten und Gespräche. Deswegen spielt Paulus auch öfter darauf an, im ersten Brief (s. o. 1 Thess 5,1-2) wie auch im zweiten: *„Lasst euch nicht ... durcheinander bringen"* (V. 2) – anders gesagt: ‚Ihr wisst doch eigentlich, was Sache ist, ich habe es euch doch bereits gesagt. Lasst euch darin nicht irre machen.'

Worum ging es? Anscheinend hatte irgend jemand (Paulus benennt die Quelle nicht genauer) den Thessalonichern weisgemacht, **Jesus sei bereits wiedergekommen.** Aus unserer Sicht sicher eine abwegige Vorstellung – denn wenn Jesus wiederkommt, muss das für die ganze Welt unverkennbar sein, und die Welt muss im gleichen Augenblick ganz anders aussehen (siehe z. B. Phil 2,10-11). Die Thessalonicher aber sind zu diesem Zeitpunkt noch so neu im Glauben, dass diese Behauptung sie zumindest verunsichert. Paulus begegnet ihr in drei Schritten. Den Aufbau von 2 Thess 2 kann man dabei mit **„Sicherheitshinweisen** für den Notfall" vergleichen :

1. *Ruhe bewahren* (V. 1-2): Sich nicht verunsichern lassen, sondern bei dem bleiben, was bereits Inhalt von Paulus' Lehre von Anfang an war.
2. *Weitere Anweisungen des Personals abwarten* (V. 3-12): Paulus nennt weitere Gründe dafür, warum der „Tag des Herrn" noch nicht geschehen sein kann. Erst müssen Ereignisse eintreten, die für sich genommen beunruhigend sind, aber sozusagen zu den „Geburtswehen" der neuen Welt Gottes gehören.
3. *In Sicherheit bringen* (V. 13-17): Paulus betet für die Thessalonicher. Zunächst dankt er erneut dafür, dass Gott sie festhält und ihren Glauben schützt. Dann ruft er sie auf, auch von sich aus dranzubleiben an Gott und an dem, was er ihnen bereits vermittelt hatte.

V. 1-2. Es geht also noch einmal um den Moment, in dem die Glaubenden mit Jesus und den Geschwistern im Glauben wieder vereint werden. Und wieder muss Paulus ein Missverständnis ausräumen: So falsch wie die Vorstellung, man könne den Zeitpunkt der Rückkehr von Jesus berechnen (1 Thess 5,1-2), ist auch die Idee, der „Tag des Herrn" sei schon geschehen. Wie sind die Thessalonicher darauf gekommen? Paulus kann dies nur vermuten: Vielleicht war es eine „vermeintliche Eingebung des Heiligen Geistes", die aber ja zu prüfen gewesen wäre (1 Thess 5,21). Vielleicht, noch schlimmer, wurde diese Vorstellung auch fälschlich Paulus selbst zugeschrieben. Dagegen verwahrt er sich deutlich und **mahnt zur Nüchternheit**: *„Lasst euch nicht so schnell durcheinander bringen"* (V. 2), das griechische Verb wird sonst auch verwendet für ein Schiff, das im Sturm vom Kurs abgebracht wird (vgl. Stott, *Thessalonians*, 157).

V. 3-5 liefert die **Begründung**, warum der Tag des Herrn noch nicht geschehen sein kann. Diese Begründung klingt für uns sicher unerwartet. Wir hätten wohl eher betont, dass die Rückkehr von Jesus für die ganze Welt sichtbar und unmissverständlich sein wird (Apg 1,11; Phil 2,10-11), und dass mit ihr die Welt eindeutig und vollständig erneuert sein wird (vgl. Offb 21,5). Beides ist ja offensichtlich noch nicht der Fall.

Paulus argumentiert anders, und er bezieht sich dabei auf Inhalte seiner Lehre, als er noch selbst in Thessalonich war (V. 5 *„Erinnert ihr euch nicht …"*). Das macht die Auslegung dieser Verse nicht ganz einfach, weil manches vorausgesetzt wird, das man gern genauer erfahren würde.

Paulus erklärt also: *Vor* dem „Tag des Herrn" muss erst „jener Mensch … in Erscheinung treten, der alle Gesetzlosigkeit in sich vereinigt". **Wen meint er damit?** Die Geschichte der Auslegung dieser Verse hat immer wieder neue Kandidaten genannt.

Vom ursprünglichen geschichtlichen Zusammenhang her kann man an einen der **Römischen Kaiser** oder Feldherrn denken. Darauf deutet V. 4 hin: Denn Entweihungen des Tempels in Jerusalem durch das Aufstellen einer heidnischen Statue gab es schon unter General Pompeius (63 vor Christus) und Kaiser Caligula (40 nach Christus; vgl. Weima, *Thessalonians*, zu Kap. 2,3b-4).

- Beides ist zur Abfassungszeit des 2 Thess aber ja bereits geschehen. Deswegen ist V. 4 wohl **allgemein und im übertragenen Sinn** gemeint: *Typisch* für die Macht, die sich gegen Gott und gegen jedes Gesetz stellt, ist demnach, dass sie sich irgendwann selbst zu Gott macht.
- Deswegen gab und gibt es im Lauf der Geschichte **immer wieder Gestalten und Bewegungen**, auf die diese Beschreibung passt – etwa die verschiedenen Formen des Faschismus im 20. Jahrhundert. Natürlich muss man vorsichtig sein, beim Namen nennen zu wollen, was der Bibeltext selbst ja offen lässt. Aber auf eine Gestalt wie Hitler passt die Kennzeichnung von V. 4 eben sehr genau.
- Paulus' **Pointe** ist nun ähnlich wie auch in anderen apokalyptischen Texten des NT, also Texten über die Endzeit: **Lasst euch nicht irremachen!** Das alles ist beunruhigend, natür-

lich, aber wir sollen nüchtern damit rechnen. Denn die alte Welt, die von Gott überwunden und neu gemacht wird, „bäumt" sich sozusagen noch einmal auf, der Konflikt kommt zum Äußersten – und *dann* kommt das Ende, oder besser der grundlegende Neubeginn.

V. 6-8. Zugegeben: Dieser Abschnitt gehört zu den **schwierigsten Stellen des NT** überhaupt. Das liegt wieder daran, dass Paulus hier teils als bekannt voraussetzt, wovon er spricht. Dennoch lässt sich begründet vermuten, was er im Einzelnen meint:

Es gibt etwas, das den endzeitlichen **Ausbruch der Gesetzlosigkeit noch „aufhält"** (V. 6) bzw. jemanden, der dies tut (V. 7). Wer oder was ist gemeint?

- Manche Ausleger überlegen, ob Paulus die Gemeinschaft der Christen meint oder die Verkündigung des Evangeliums. Über beides redet Paulus aber sonst nicht so undeutlich; er hätte auch hier keinen Grund dazu.
- Wahrscheinlicher ist, dass er das **Römische Reich** mit seinen Gesetzen meint, vielleicht auch die **staatliche Obrigkeit insgesamt** (vgl. Röm 13,1-7). Der Staat hat also eine begrenzte positive Funktion – er hält das Böse zurück. Aber diese Funktion ist nur vorläufig, das letzte Wort hat Jesus.
- Das würde auch erklären, warum sich Paulus hier so rätselhaft ausdrückt. Er möchte nur von den Thessalonichern verstanden werden, nicht von anderen, z. B. Vertretern des Römischen Reiches, die den Brief vielleicht auch in die Hände bekommen (vgl. Stott, *Thessalonians*, 170f).

V. 9-12. Paulus wird nun deutlicher: „Hinter dem Auftreten des Gesetzlosen steht der Satan" (V. 9), also der **Widersacher Gottes**. Zu dessen Kennzeichen gehört die Auflehnung gegen Gott und die Absage an alles Gute. Und zu seinen Mitteln gehört die bewusste Täuschung, sogar durch „Wunder" (V. 9). Auch wer Außergewöhnliches kann, ist damit also nicht automatisch auf Gottes Seite. Und wer sich von einem solchen Schauspiel täuschen und von Gott wegbringen lässt, so Paulus, ist durchaus selbst dafür verantwortlich. Denn ein solcher Mensch will ganz wörtlich „nicht mehr wahrhaben", was er doch zuvor als richtig erkannt hat: dass eben Gott Gott ist (V. 10.12).

Das **Gericht Gottes** besteht in diesem Fall darin, dass Gott Menschen **in ihrer selbst gewählten Täuschung *belässt*** (V. 11). Der „Geist der Verblendung" ist hier also keinesfalls die *Ursache* ihrer Täuschung; das war ja der „Gesetzlose" bzw. der Widersacher Gottes, der hinter ihm steht (s. o. V. 9). Sondern dass Gott die Menschen ihrer Verblendung überlässt, ist schon Teil seines Gerichtes über Menschen und letztlich das ernsteste Urteil, das er sprechen kann: ‚Ihr wollt ohne mich sein – jetzt müsst ihr ohne mich sein' (vgl. Röm 1,24).

Noch ist das Gericht aber ja nicht vollzogen. Sondern bis Jesus wiederkommt, **hört Gott nicht auf, zur Umkehr zur rufen**. Deswegen beruft Gott einen Paulus, um die Menschen seiner Zeit mit der guten Nachricht von Jesus zu erreichen. Deswegen beruft Gott durch Paulus Menschen in Thessalonich, um dort eine Gemeinde aufzubauen und andere zum Glauben einzuladen. Und Gott beruft Menschen heute, durch die ganze Bibel und auch durch das Zeugnis von Paulus und das seiner Briefe.

V. 13-14. Nach den düsteren Aussichten endet Paulus wieder mit einer Ermutigung: Gott *will* die Christen in Thessalonich am Ende bei sich haben, deswegen sind sie „*Erstgeborene der neuen Schöpfung*", oder technischer gesagt „Prototypen" der neuen Welt Gottes. Sie sind die Ersten, d. h. viele andere werden nach ihnen kommen. Wenn Paulus also zugleich schreibt: „*Er hat euch ... erwählt*" (V. 13b), dann ist das wieder vor allem **als Zuspruch gedacht**. Keinesfalls ist gemeint, dass andere von vornherein ausgeschlossen wären. Der Gott, der die Thessalonicher bei sich haben will, will auch jeden anderen Menschen für sich gewinnen (s. o.; vgl. 1 Tim 2,4). Wie gesagt: Deswegen beruft Gott ja Menschen wie Paulus und durch ihn auch die Thessalonicher, um durch deren missionarische Arbeit möglichst viele Menschen zu erreichen.

V. 15. ‚Gott hält euch fest', erklärt Paulus also, ‚***deswegen* bleibt standhaft**'. Das ist für ihn kein Widerspruch, sondern hängt zusammen. Weil

Gott wirkt, lohnt es sich ja gerade, auch selbst dranzubleiben. Dazu gehört das Dranbleiben an dem, was Paulus ursprünglich gelehrt hat. Er stellt seine Lehre und die Botschaft der Apostel, also der ersten Generation von Christen, damit deutlich über jede prophetische Eingebung, falls diese davon abweicht. **Die Lehre der Apostel ist der Maßstab**, an dem sich alles überprüfen lassen muss, was in der Gemeinde behauptet wird.

V. 16-17. Nicht nur die Thessalonicher sollen dranbleiben an Gott, auch Paulus trägt seinen Teil dazu bei, dass dies geschieht: Er betet für sie. Gott soll sie ermutigen und Kraft für ihr Christsein im Alltag geben. Wieder fällt auf, wie selbstverständlich Paulus Jesus und Gott in einem Atemzug nennt (V. 16a; vgl. Stott, *Thessalonians*, 179). *Dieser* Gott ist es, an dem die Thessalonicher festhalten sollen, der liebende Gott, der in Jesus Mensch wurde. Deswegen wird der ganze Abschnitt, auch wenn es um das ernste Thema Gericht geht, dennoch **durch die Liebe Gottes zusammengehalten** (vgl. Stott, *Thessalonians*, 180, auch für das Folgende):

Die Thessalonicher sind vom Herrn geliebte Geschwister (2,13);

- Gott ist der, „*der uns seine Liebe erwiesen hat*“ (2,16);
- Gott wird der Gemeinde auch helfen, ihr „*Denken und Wollen ganz an Gottes Liebe auszurichten*“ (s. u. Kap. 3,5).

Diese Anregungen möchte ich mir merken:

Dranbleiben an der Gemeinschaft

11

2. Thessalonicher 3,1-18

1. Welche Nachricht hat sich in Ihrem Freundeskreis / Ihrer Nachbarschaft zuletzt „wie ein Lauffeuer“ verbreitet?
2. Haben Sie das schon erlebt: dass Menschen sich dauerhaft rücksichtslos verhalten – und keine Ermahnung scheint etwas daran zu ändern?
3. Gibt es Missionare oder andere Menschen im christlichen Dienst, für die Sie beten? Warum gerade diese Menschen?

EINSTIEG
(15–20 Minuten)
Wählen Sie bitte eine oder zwei Fragen aus.

BIBELTEXT

Füreinander beten

1 Jetzt noch etwas anderes, liebe Geschwister: Betet für uns, damit die Bot-
schaft des Herrn sich rasch ausbreitet und überall gepriesen wird, genau wie
bei euch. 2 Betet auch, dass wir vor den Gefahren errettet werden, die uns
hier vonseiten böser und übelgesinnter Menschen drohen. Denn der Glaube
findet nicht bei allen Zustimmung.
3 Doch der Herr ist treu; er wird euch stärken und vor dem Bösen beschüt-
zen. 4 Überhaupt sind wir im Vertrauen auf den Herrn zuversichtlich, wenn wir
an euch denken; wir sind überzeugt, dass ihr das, wozu wir euch auffordern,
tut und auch weiterhin tun werdet. 5 Der Herr aber helfe euch, euer Denken
und Wollen ganz an Gottes Liebe auszurichten, und mache euch standhaft,
wie er selbst, Christus, standhaft war.

Wer nicht arbeiten will, soll auch nicht essen

6 Liebe Geschwister, im Namen unseres Herrn Jesus Christus fordern wir euch
auf, euch von jedem Bruder fernzuhalten, der ein ungeordnetes Leben führt
und sich nicht an die Lehre hält, die wir an euch weitergegeben haben und in
der er – wie alle anderen auch – von uns unterrichtet wurde. 7 Ihr wisst doch,
wie ihr euch verhalten müsst, um unserem Beispiel zu folgen. Wir haben,
als wir bei euch waren, kein ungeordnetes Leben geführt. 8 Wir haben auch
nie bei jemand gegessen, ohne ihm etwas dafür zu geben. Tag und Nacht
haben wir für unseren Lebensunterhalt gearbeitet; wir haben uns abgemüht

und keine Anstrengung gescheut, um nur ja keinem von euch zur Last zu fallen. 9 Nicht, dass wir kein Recht gehabt hätten, uns von euch unterstützen zu lassen, aber wir wollten euch ein Beispiel geben, das ihr nachahmen könnt. 10 Denn schon damals, als wir bei euch waren, haben wir euch den Grundsatz eingeschärft: Wenn jemand nicht arbeiten will, soll er auch nicht essen.

11 Und jetzt müssen wir hören, dass einige von euch ein ungeordnetes Leben führen und sich herumtreiben, statt einer geregelten Arbeit nachzugehen! 12 Wir fordern alle, die sich so verhalten, im Namen des Herrn Jesus Christus mit Nachdruck auf, Ordnung in ihr Leben zu bringen, indem sie eine Arbeit annehmen und sich ihren Lebensunterhalt selbst verdienen. 13 Ihr anderen aber, liebe Geschwister: Werdet nicht müde, das zu tun, was gut und richtig ist!

14 Wenn jemand nicht auf das hört, was wir in diesem Brief schreiben, dann merkt ihn euch und habt keinen Umgang mit ihm, damit ihm bewusst wird, wie beschämend sein Verhalten ist. 15 Betrachtet ihn aber nicht als einen Feind, sondern weist ihn wie einen Bruder zurecht.

Abschließender Segenswunsch und persönlicher Gruß

16 Er selbst, der Herr des Friedens, gebe euch immer und auf jede Weise seinen Frieden. Der Herr sei mit euch allen!

17 Hier noch mein persönlicher Gruß; ich, Paulus, schreibe ihn mit eigener Hand. Das ist das Echtheitszeichen in allen meinen Briefen; ihr erkennt es an meiner Schrift. 18 Die Gnade unseres Herrn Jesus Christus sei mit euch allen!

BIBELGESPRÄCH

(30–40 Minuten)
Wählen Sie ggf. unter den Fragen aus.

1. Paulus bittet die Thessalonicher, für zwei Anliegen zu beten (V. 1-2): Welche sind das, und wie hängen beide zusammen?

2. Worum betet Paulus in Bezug auf die Thessalonicher? Wieso steckt in seiner Zuversicht auch eine Aufforderung an sie (V. 3-5)?

3. Was war noch mal das Problem der Menschen in der Gemeinde, die „ein ungeordnetes Leben führen“ (V. 6)? Siehe hierzu auch die Erläuterungen.

4. Welche Schritte empfiehlt Paulus für den Umgang mit solchen Menschen, wenn sie geradezu störrisch bei ihrem falschen Verhalten bleiben?

5. Was kann der allerletzte Schritt sein (V. 14)? Welches Ziel verfolgt Paulus auch hierbei (V. 15)? Siehe hierzu die Erläuterungen.

1. Wo haben Sie zuletzt erlebt, dass die Botschaft von Jesus „einen Lauf hat“, sich rasant ausbreitet?

2. Haben Sie im Einsatz für Gott schon einmal besonders Gottes Schutz gebraucht – und auch erfahren?

3. ‚Nicht arbeiten wollen, weil Jesus bald wiederkommt‘ – das ist kaum ein Problem in Gemeinden heute. Gibt es aber andere Missverständnisse, bei denen es genauso Klärung und Ermahnung braucht?

4. Wie gehen wir mit Menschen in der Gemeinde um, die sich offensichtlich und dauerhaft rücksichtslos verhalten? Wie können wir zugleich deutlich und liebevoll mit ihnen umgehen?

5. Wie führt man denn als Christ „ein *geordnetes* Leben“? Paulus denkt bestimmt nicht an den stets akkurat gemähten Vorgarten ... Was aber ist dann gemeint?

AUSTAUSCH

(15–30 Minuten) Wählen Sie ggf. unter den Fragen aus. Sie können das Gespräch mit einem gemeinsamen Gebet abschließen.

ERLÄUTERUNGEN

Wir sind auf der Zielgeraden des zweiten Briefes. Paulus fasst wieder zusammen und betont nochmals, was ihm besonders wichtig ist. Unser Text hat **drei Teile:**

1. **V. 1-5.** Paulus bittet die Thessalonicher wieder zunächst um ihr Gebet, dann betet er selbst für sie und verbindet dies erneut mit dem Ansporn, an Gott dranzubleiben und im Glauben zu wachsen.
2. **V. 6-13.** Es folgen Hinweise im Umgang mit den Menschen in der Gemeinde, die *„ein ungeordnetes Leben führen“* (s. u.). Wie geht man mit Menschen um, die auch auf wiederholte Ermahnungen nicht eingehen? Als positives Beispiel für einen geordneten Lebensstil verweist Paulus auch auf sich selbst.
3. **V. 14-18.** Der Brief schließt mit einem Segenswunsch und mit Paulus' handschriftlichem Gruß. Der wird hier besonders hervorgehoben, wohl um deutlich zu machen: ‚Was in diesem Brief steht, stammt tatsächlich von mir (Paulus, dem Apostel), es wurde mir nicht untergeschoben (wie die Idee, Jesus sei bereits wiedergekehrt; vgl. 2,2b). Deshalb hat es auch Gewicht und soll beherzigt werden.'

V. 1a. „*Betet für uns ...*“ – dass Paulus so beginnt, ist für ihn mehr als eine Floskel, es ist auch ein **Zeichen von Demut** (vgl. Stott, *Thessalonians*, 184): Der „große“ Paulus, der seine Autorität als Apostel und Augenzeuge des auferstandenen Jesus ja auch gezielt einsetzen kann, um die Gemeinde auf Kurs zu halten, – auch dieser Paulus braucht das Gebet der Gemeinde, die er selbst gegründet hat.

V. 1b. Wörtlich übersetzt heißt es hier: *„damit das Wort des Herrn läuft“*. In 1 Thess 1,5 wurde das Wort noch mit einem Klang verglichen, der erschallt (s. o.). Hier nun **wird das Wort zum**

Wettläufer, es ist nicht aufzuhalten (vgl. Stott, *Thessalonians*, 184f, auch für das Folgende). Das durfte Paulus live miterleben, bei der Gründung der ersten Gemeinden. Und längst hat er seinen Horizont schon erweitert, langfristig zieht es ihn wohl nach Rom, in die Hauptstadt des Römischen Reiches, um auch dort Gemeinde zu bauen.

V. 2-3. Paulus bittet um Gebet aber nicht nur dafür, dass weiter Menschen zum Glauben kommen, sondern auch für **persönlichen Schutz**. Den hatte er auf seinen gefährlichen Reisen und in der Begegnung mit Gegnern auch dringend nötig. Das Gleiche gilt für die Thessalonicher – und für missionarisch aktive Christen vielfach auch heute, besonders in Ländern, in denen keine Religionsfreiheit herrscht. Sie brauchen unser Gebet besonders.

V. 4-5. Wie zuvor **„verpackt" Paulus einen Ansporn in einen Zuspruch**: Er ist zuversichtlich im Blick auf die Thessalonicher und bittet zugleich darum, dass Gott sie im *„Denken und Wollen ganz an (seiner) Liebe ausrichten"* möge. Dass Gott dieses Gebet erhört, werden die Thessalonicher nun auch daran merken, dass sie selbst im Glauben immer engagierter werden.

V. 6. Paulus kommt nochmals auf die Menschen zu sprechen, die *„ein ungeordnetes Leben führen"*, griechisch wie gesagt die *ataktoi*, wörtlich auch „die Nachlässigen" (1 Thess 4,11-12; s. o.). Dass er sie im zweiten Brief nochmals und nun auch direkt ansprechen muss, zeigt an, dass das Problem dauerhaft war.

Die gängige Auslegung besagt: Das waren Menschen, die aus geistlichem Überschwang heraus behaupteten, weil die Rückkehr von Jesus kurz bevorstehe, müssten sie nicht mehr arbeiten (s. o. die Erläuterungen zu 1 Thess 4).

Eine weitere Auslegung sieht auch gesellschaftliche Ursachen. In antiken Städten gab es vielfach die selbstgewählte Abhängigkeit bedürftiger Menschen von reichen und wohltätigen Angehörigen der Oberschicht (vgl. Weima, *Thessalonians*, zu 2 Thess 3; auch für das Folgende). Womöglich haben einige Mitglieder der jungen Gemeinde dieses Modell auf die Gemeinde übertragen. Denn zu deren Gründungsmitgliedern gehörten auch Wohlhabende (vgl. Apg 17,4b.6-7). Vielleicht nutzten nun Einzelne in der Gemeinde die Führungsrolle der Wohlhabenden aus und ließen sich dauerhaft von diesen finanzieren, statt für ihren Unterhalt selbst zu sorgen.

Das ist allerdings Spekulation, Genaueres gibt der Brieftext nicht her. Denkbar ist auch, dass beide Erklärungen einander ergänzen: Dann war der Hinweis auf die Rückkehr von Jesus für manche auch eine willkommene, „geistlich klingende" Begründung für die eigene Bequemlichkeit.

So oder so: Paulus meint wieder ***nicht* Menschen, die *tatsächlich* bedürftig sind** und nicht für sich selbst sorgen *können*. Dass die Gemeinde solchen Menschen zu helfen hat, ist für ihn selbstverständlich. Auch kann man aus seinen Mahnungen nicht folgern, dass nur die Erwerbstätigkeit gegen Bezahlung „richtige" Arbeit wäre. Das ist eher eine Idee neuzeitlicher Gesellschaften. Auch die Sorge für Kinder oder ältere Angehörige ist ja wichtig und macht Arbeit; in der Gemeinde sollte sie daher genauso gewürdigt werden.

Von den *ataktoi* aber, die sich aus pseudogeistlichen Gründen beharrlich weigern, für sich selbst zu sorgen, obwohl sie es *könnten* – von denen soll sich die Gemeinde „fernhalten". Wann das nötig sein kann und wozu es gut ist, wird später deutlich (s. u. V. 14).

V. 7-9. Zunächst stellt Paulus noch einmal **sich selbst als Vorbild** hin. Das war in antiken Briefen durchaus üblich (vgl. Weima, *Thessalonians*, zu 2 Thess 3,7.9), es ist in seinem Fall auch **ohne Alternative**. Denn für die Gemeinde in Thessalonich ist das Christsein ja grundsätzlich noch neu. Das erste Anschauungsmaterial im Glauben sind daher notwendigerweise Paulus und seine Mitarbeiter.

Paulus betont also, dass er die Gastfreundschaft der Thessalonicher nicht ausgenutzt, sondern für sein Auskommen selbst gesorgt hat. Dabei wäre es durchaus gerechtfertigt gewesen, Unterstützung anzunehmen (V. 9), aber er wollte hier eben keinerlei Anlass zu kritischen Nachfragen geben.

V. 10-12 ist sprichwörtlich geworden: „Wer nicht arbeitet, soll auch nicht essen.“ Menschen sind unterschiedlich begabt und haben unterschiedliche Kraftreserven, aber niemand sollte unter seinen Möglichkeiten bleiben. **Sinnvolle Tätigkeit** gehört zu den guten Gaben Gottes von Anfang an; schon der Garten Eden wollte bebaut und gepflegt werden (1 Mo 2,15).

Bisher hat Paulus nur über die Menschen gesprochen, die diese Mahnung betrifft, nun wendet er sich direkt an sie. Denn das Problem ist ja nicht nur, dass sie sich von anderen mitversorgen lassen, sondern auch, dass sie eben nichts Sinnvolles zu tun haben und sich stattdessen „herumtreiben“. Im Griechischen spielt Paulus hier mit zwei ähnlich klingenden Worten: Statt mit ihrer *Arbeit* beschäftigt zu sein (*ergazomenous*), sind diese Menschen mit allem möglichen *anderen* beschäftigt (*periergazomenous*) (nach Weima, *Thessalonians*, zu 2 Thess 3,11). Sie wirken also durchaus aktiv, aber stören eher die anderen in der Gemeinde, als dass sie hilfreich wären. Im Bayrischen gibt es dafür das schöne Wort „**G'schaftlhuber**“.

V. 13-15. Hier wendet sich Paulus wieder an den Rest der Gemeinde: Im äußersten Fall, wenn ein Mensch für alle Ermahnungen taub ist, kann es nötig sein, den Umgang mit ihm für eine begrenzte Zeit einzuschränken. Paulus beschreibt nicht genauer, was das umfassen kann. Vielleicht gab es hier auch verschiedene Stufen, z. B. beginnend mit dem Ausschluss von Leitungsämtern. Genaueres dazu erfahren wir im Text schlicht nicht. Paulus benennt aber eine Grundhaltung: In jedem Fall soll die Gemeinde den Betreffenden **als Mitchristen ansehen** (V. 15b), dem man gerade helfen und den man zur Vernunft bringen möchte. Daraus ergibt sich auch, welche Schritte im Einzelfall hilfreich oder nötig sein können.

V. 16-18. Der **Briefschluss** besteht wie schon im ersten Brief aus einem Gruß und Segenswunsch, verbunden mit Paulus' eigener Unterschrift. Das war bei antiken Briefen verbreitet, weil sie oft einem Sekretär oder Mitarbeiter diktiert und erst am Ende eigenhändig abgezeichnet wurden (vgl. Weima, *Thessalonians*, zu 2 Thess 3,17; auch für das Folgende). In diesem Fall betont Paulus die eigene Verfasserschaft besonders deutlich, wahrscheinlich aus zwei Gründen:

- Zum einen will er deutlich machen, dass dieser Brief eben **tatsächlich von ihm stammt**, anders als die Gerüchte und Fehlinformationen z. B. zum „Tag des Herrn“, die anscheinend auch ihm selbst zugeschrieben wurden (s. o. Kap. 2,2b).
- Zum anderen betont er seine **Autorität als Apostel**, der im Auftrag von Jesus spricht und deswegen auch einfordern darf, dass die Gemeinde seine Worte beherzigt.

Er schließt mit einem Segenswunsch, und wieder wird **Jesus als Herr wie selbstverständlich mit Gott gleichgesetzt** (V. 18). An diesem Jesus und seiner Gnade dranzubleiben, das ist auch Herzensanliegen beider Briefe an die Thessalonicher.

Diese Anregungen möchte ich mir merken:

Quellennachweise

(*Kurztitel in Klammern*)

Stefan Schreiber: *Der erste Brief an die Thessalonicher* (Ökumenischer Taschenbuchkommentar zum Neuen Testament), Gütersloh 2014 (Schreiber, *Thessalonicher*)

John R.W. Stott: *The Message of Thessalonians. Preparing for the coming King* (The Bible Speaks Today), Leicester 1991 (Stott, *Thessalonians*)

Jeffrey A. D. Weima / S. M. Baugh: 1&2 Thessalonians, 1&2 Timothy, Titus (Zondervan Illustrated Bible Backgrounds Commentary), Grand Rapids 2002 (Weima, *Thessalonians*)

SERENDIPITY

Das praxisorientierte Arbeitsmaterial für Hauskreise und Bibelgespräche

lebensnah | kompetent | persönlich

Alle Themenhefte aus der Reihe Serendipity finden Sie auf www.serendipity-kleingruppen.de.